Manuel Horeth
Wir sind alle Mentalisten

PIPER

Zu diesem Buch

Dieses Buch vermittelt einfach und effektiv das Grundhandwerkszeug eines Mentalisten. Es erklärt, wie wirklich jeder diese Methoden erlernen kann, um erfolgreicher und glücklicher zu werden.
Ziel ist es, andere besser einschätzen zu können, um im Umgang mit Menschen sicherer und einfühlsamer zu agieren. Wer für die Wünsche, Visionen, Sorgen und Gefühle seiner Mitmenschen taub ist, wird generell als unsympathisch wahrgenommen. Wer gut zuhören, zusehen und mitfühlen kann, wird im Berufs- und Privatleben schneller ans Ziel kommen.
Das Zeug zum Mentalisten steckt in jedem. Die Basis sind unsere 5 Sinne, die wir so lange trainieren können, bis wir unseren natürlichen 6. Sinn entdecken.

Manuel Horeth, geboren im österreichischen Saalfelden, ist Mentalist, Mentaltrainer und ORF-Moderator. Er beschäftigt sich seit über 20 Jahren mit den Phänomenen Mentalismus, Täuschung, Illusion und Psychologie. Millionen Zuschauer kennen ihn aus dem Fernsehen, zuletzt aus seiner RTL-Show »Manuel Horeth – Nichts ist unmöglich«.

Magdalena Eder, ebenfalls in Saalfelden, Österreich geboren, lebt und arbeitet in Salzburg. Nach ihrem Studium der Wirtschaftswissenschaften und Wirtschaftspädagogik machte sie eine Ausbildung zur Trainerin und zum systemischen Coach. Sie begleitete und beobachtete Manuel Horeth bei seiner Arbeit und seinem Leben als Mentalist.

Manuel Horeth
und Magdalena Eder

Wir sind alle Mentalisten

Das Geheimnis der 5 Sinne

Piper München Zürich

Mehr über unsere Autoren und Bücher:
www.piper.de

Ich widme dieses Buch allen Menschen, die an sich glauben!

MIX
Papier aus verantwor-
tungsvollen Quellen
FSC® C083411

Ungekürzte Taschenbuchausgabe
Piper Verlag GmbH, München
Oktober 2011
© 2010 Verlag Carl Ueberreuter, Wien
Umschlag: semper smile, München
Umschlagabbildung: Thomas Maria Laimgruber
Bildnachweis: Alle Bilder im Innenteil sind von Patrick Kirschhofer
bis auf S. 80 von Eric Lafforgue / Hoa-qui / eyedea / picturedesk.com.
Illustrationen: Christiane Schmitt
Satz: Verlag Carl Ueberreuter, Wien
Papier: Munken Print von Arctic Paper Munkedals AB, Schweden
Druck und Bindung: CPI – Clausen & Bosse, Leck
Printed in Germany   ISBN 978-3-492-26455-6

Inhalt

*Der Durchschnittsmensch
schaut, ohne zu sehen,
lauscht, ohne zu hören,
berührt, ohne zu fühlen,
isst, ohne zu schmecken,
atmet, ohne Gerüche und Düfte
wahrzunehmen.*

Leonardo da Vinci

Vorwort

Liebe Leserin, lieber Leser!

Herzlich willkommen und Gratulation zur Entscheidung, dass Sie sich mit Ihren persönlichen Fähigkeiten beschäftigen wollen, denn die beste Investition, die es gibt, ist die Investition in sich selbst.
Da Sie sich für dieses Buch entschieden haben, gehören Sie zu den Menschen, die sich weiterentwickeln und ihr Wissen erweitern wollen, um mehr Zufriedenheit im Leben zu erlangen, um den persönlichen Erfolg zu vermehren oder um mehr an sich selbst zu entdecken.
Als Mentalist habe ich viele geheime Techniken im Repertoire, die als Berufsgeheimnis streng geschützt werden und nichts mit klassischer Zauberkunst, Illusion und Fingerfertigkeit zu tun haben. Einen für Sie interessanten und vor allem verständnisvollen Einblick in manche dieser Techniken werden Sie in diesem Buch finden.

Falls Sie sich in diesem Buch auch Anleitungen zu Zauberkunststücken erwarten, muss ich Sie enttäuschen. Denn ein Mentalist verwendet zwar da und dort Tricks und Illusionen für seine Effekte, aber er ist kein Zauberkünstler im herkömmlichen Sinne. Ein Mentalist kann die Stimmungen der Menschen lesen, Menschen beeinflussen und im Kopf der Menschen Illusionen erzeugen.
Ich arbeite nicht mit Fingerfertigkeit oder optischen Tricks, sondern mit der Psyche und mit dem Geist der Menschen.
Man kann es auch ganz einfach sagen: Ein Mentalist experimentiert mit Ihren Gedanken.

Worum geht es in diesem Buch?
Dieses Buch präsentiert Ihnen das Grundhandwerkzeug, das Basiswissen eines Mentalisten und zeigt Ihnen, wie Sie diese Methoden in Ihr Alltagsleben integrieren können, um erfolgreicher und glücklicher zu werden, Ihre Lebensqualität zu steigern und im Umgang mit Ihren

Mitmenschen ein neues, besseres Gefühl zu entwickeln. Ziel ist es, andere besser einschätzen zu können, um eine interessantere und produktivere Gesprächsbasis zu schaffen. Wer für die Wünsche, Visionen, Sorgen und Gefühle seiner Mitmenschen taub ist, wird generell als unsympathisch und unmenschlich wahrgenommen. Wer gut zuhören, zusehen und mitfühlen kann, wird es im Berufs- und Privatleben leichter und angenehmer haben.

Das Zeug zum Mentalisten steckt tief in uns selbst. Die Basis sind unsere 5 Sinne, die wir trainieren können und so fähig werden, einen natürlichen 6. Sinn zu erschaffen.

Die 5 Sinne des Mentalisten sind der Gehörsinn, der Tastsinn, der Sehsinn, der Geruchssinn und der Gefühlssinn. Der Geschmackssinn ist ein wichtiger Sinn, wird aber in diesem Buch nicht gesondert behandelt, da er für die Mentalisten-Basis keine erwähnenswerte Wichtigkeit besitzt. Stattdessen kommt ein für Sie neuer Sinn hinzu, der Gefühlssinn, den ich als Schlüssel zum natürlichen 6. Sinn bezeichne. Genau diesen natürlichen 6. Sinn möchte ich Ihnen ans Herz legen zu entwickeln, denn er entscheidet in vielen Fällen über den richtigen Weg.

Ich werde sehr oft gefragt, ob meine Gabe übernatürlich sei – darauf gibt es nur eine Antwort: Nein, sie ist nur außergewöhnlich und Sie alle können versuchen, es zu lernen und den Weg bis zum 6. Sinn zu gehen!

Welche Grundsätze sollten Sie beachten, um den größtmöglichen Nutzen aus diesem Buch zu ziehen?

Mein Tipp: Lesen Sie dieses Buch in aller Ruhe einmal durch. In den einzelnen Kapiteln werden Sie immer wieder zu besonderen Übungen und Aufgaben kommen. Nehmen Sie sich für diese Übungen genug Extrazeit, da die Erfahrungen aus diesen Aufgaben für Sie starke Veränderungen bringen können.

Sollten Sie dieses Buch ohne die Übungen durcharbeiten, würden Sie auf einen intensiven Entwicklungsschritt verzichten und es wäre wirklich schade um die Zeit.

Apropos Zeit: Beherzigen Sie bitte die 72-Stunden-Regel. Studien haben gezeigt, dass wir Vorhaben und Ideen, die wir umsetzen wollen, innerhalb von 72 Stunden beginnen sollten, da wir sie sonst mit hoher Wahrscheinlichkeit gar nicht mehr umsetzen.

Legen Sie also los, und zwar innerhalb von 72 Stunden, denn der schwierigste und entscheidende Schritt ist immer der erste Schritt!

Dieses Buch habe ich gemeinsam mit Magdalena Eder geschrieben. Sie ist studierte Wirtschaftswissenschaftlerin und ausgebildeter systemischer Coach und hat mich in den vergangenen zwölf Monaten zu allen Auftritten, Talkshows, TV-Aufzeichnungen und Liveshows begleitet, um aus der Sicht des psychologischen Beobachters meine Persönlichkeit und Arbeitsweise sowie den Beruf des Mentalisten allgemein zu beleuchten und gemeinsam mit mir an diesem Buch zu arbeiten.

Ihnen allen wünsche ich ein spannendes Erleben meiner magischen Welt der 5 Sinne, denn mit diesem Buch sind Sie auf dem besten Weg, ein kleiner Mentalist zu werden!

Ihr Manuel Horeth

Die Kraft steckt in uns!

Wer andere kennt, ist klug.
Wer sich selbst kennt, ist weise.
Wer andere besiegt, hat Kraft.
Wer sich selbst besiegt, ist stark.
Wer sich durchsetzt, hat Willen.
Wer sich genügen lässt, ist reich.
Wer seinen Platz nicht verliert, hat Dauer.
Wer auch im Tode nicht untergeht, der lebt.
Laotse, Tao Te King

Fehlt Ihnen manchmal der innere Antrieb, der Motor, der Sie nach vorne bringt?
Haben Sie auch den unfassbar starken Traum, Ihre innersten Wünsche wahr werden zu lassen und Ihren persönlichen Gipfel zu erreichen, und wissen Sie nicht, woher Sie den Antrieb für Ihr Vorhaben nehmen sollen?

Wie ein kleiner Apfelkern, der bereits alle Informationen in sich trägt, um ein großer, starker Baum zu werden, besitzen auch Sie bereits alle Fähigkeiten und Talente, um sich zu einem einzigartigen und glücklichen Wesen zu entwickeln und Ihre Träume zu verwirklichen.
Entdecken Sie durch die Kraft der 5 Sinne, was alles tief in Ihnen verborgen ist, entdecken Sie Ihren persönlichen Apfelkern und schauen Sie ihm zu, wie er sich entwickelt und wie er andere Menschen und Sie selbst glücklich macht. Schauen Sie nach innen und vertrauen Sie auf sich und Ihre Fähigkeiten.

Wir haben gelernt, nach außen zu sehen, unsere Umwelt wahrzunehmen und uns mit anderen zu vergleichen. Das lenkt unsere Aufmerksamkeit und unsere Energie weg von uns selbst und blockiert unsere Antriebskraft und unsere eigenen Visionen.

13

Diese Visionen und diese Kraft stecken ganz tief in uns und durch ein aktives Kennenlernen und Optimieren Ihrer 5 Sinne werden Sie die Möglichkeit bekommen, Ihre Kraft, Ihren Antrieb und Ihren Motor wieder neu zu starten.

Der Gipfel ist der 6. Sinn

In vielen Kulturen gibt es den Brauch, auf Anhöhen, Gipfeln oder an besonderen Stellen in der Landschaft »heilige« oder »besondere« Plätze zu kennzeichnen. Häufig weisen Kreuze, Gebetsfahnen, geschmückte Bäume und Fahnenstangen auf diese Stellen hin. Die ursprüngliche Bedeutung dieser Symbole ist wahrscheinlich in allen Kulturkreisen ähnlich. An diese Orte begeben sich noch heute viele Menschen, um zu beten, zu danken oder innere Ruhe zu finden. Ich glaube, es ist unerheblich, welcher Religion oder spirituellen Ausrichtung man nahe steht oder aus welchem Land man kommt, um mit diesen Stellen etwas »Besonderes« zu verbinden.

In Afrika meiden die Einheimischen die Gipfel der Berge. Dort ist ihrer Weltanschauung zufolge der Sitz der Götter und Geister und diese heiligen Plätze darf man nicht durch Betreten entweihen.

Stellen Sie sich vor, Sie stehen am Gipfel eines Berges. Sie fühlen die totale Freiheit, sehen keine Grenzen und gehen ganz darin auf, Sie selbst zu sein. Sie hören Ihren Atem, fühlen Ihren Körper und genießen Ihr Leben, das Sie nach Ihren Entscheidungen und Wünschen gestaltet haben.

Der Weg zum persönlichen Lebens-Gipfel führt über Stock und Stein und bergauf. Er führt über die 5 Sinne des Mentalisten und auch hier gibt es viele Herausforderungen und Hürden, die zu überwinden uns manchmal einfacher, manchmal aber schwerer fällt.

Es hängt von Ihnen ab, wie weit Sie gehen und wie Sie diesen Weg gehen. Wenn Sie eine Pause benötigen, kehren Sie ruhig in eine der auf dem Weg liegenden Berghütten ein. Es gibt kein Falsch oder Richtig, es ist Ihr eigener Weg, so, wie er zu Ihnen passt. Das Gipfelkreuz, der natürliche 6. Sinn, erwartet Sie!

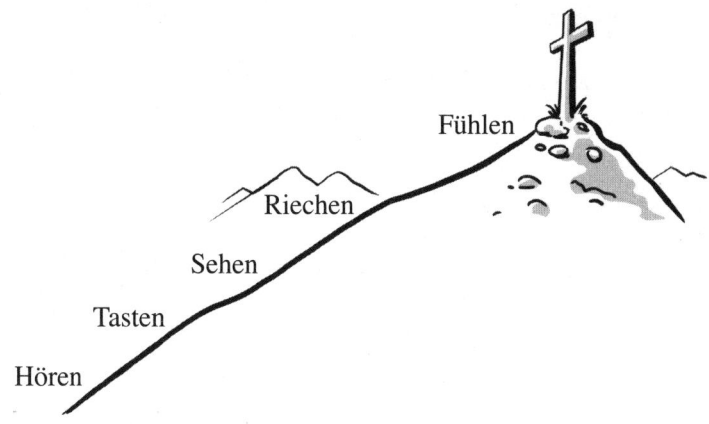

Wer regelmäßig in sich hineinblickt, wird die Welt aus einer anderen, klareren Sicht wahrnehmen. Hören, sehen und fühlen Sie in sich hinein, bevor Sie andere beobachten. Sie sind der wichtigste Mensch in Ihrem Leben und Sie können Ihre Kraft nur dann entfalten, wenn Sie sich selbst und Ihren Sinnen erlauben zu leben und sich selbst zu fühlen. Erst dann werden Sie auch die Gabe der Empathie erlernen – die Fähigkeit und Bereitschaft zu verstehen, zu sehen, zu fühlen und zu hören. Diese Gabe, gepaart mit Energie und Begeisterung, ist eine Kraft, die alles möglich macht.

Genießen Sie die Zeit der inneren Veränderung und gehen Sie mit offenen Sinnen und mit einem offenen Herzen den Weg nach oben, den Weg zu Ihrem ganz persönlichen Gipfel!

Geheimnis: HÖREN

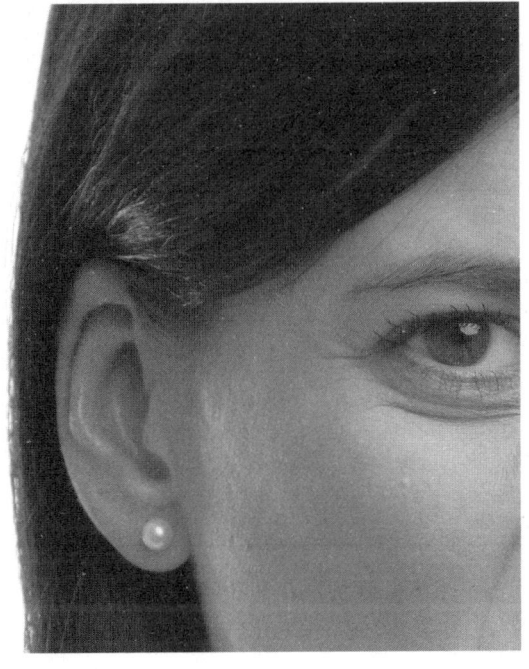

Wer Ohren hat, zu hören, der höre!
Matthäus 11,15

Das Geheimnis von Marie

Marie geht es gut. Sie hat vor zwei Jahren, nach Abschluss ihres Studiums, von der Werbe- in die Baubranche gewechselt. Dort arbeitet sie als Marketing-Assistentin und liebt die täglichen Herausforderungen. Marie beschreibt sich selbst als kommunikativen, offenen und positiven Menschen und kommt mit ihren Kollegen gut aus. Sie arbeitet im Team mit sieben anderen Kolleginnen und Kollegen. Vor einem dreiviertel Jahr hat die Abteilung einen neuen Leiter bekommen, Herrn Thomas Langher. Bei Gesprächen mit dem neuen Abteilungsleiter bekommt Marie immer positives, konstruktives Feedback, kann ihre Meinung vertreten und die ihr übertragenen Aufgaben gut umsetzen. Sie fühlt sich wohl und geht jeden Tag gern zur Arbeit.

Sarah ist frustriert. Sie geht jeden Tag mit einem mulmigen Gefühl zur Arbeit und kommt bereits in der Früh mit hängenden Schultern ins Büro. Eigentlich liebt sie ihren Aufgabenbereich und die Arbeit im Marketing gefällt ihr. Auch versteht sie sich mit den Kollegen super, doch irgendwie läuft es nicht so rund. Und das, obwohl sie bei ihrem alten Chef mehr als angesehen war und ihre Arbeit immer zur vollsten Zufriedenheit erfüllen konnte. Beim neuen Chef, Thomas Langher, hat sie das Gefühl, dass sie es ihm nicht recht machen kann. Ihre genervte Stimmung hat sich bereits in der ganzen Abteilung bemerkbar gemacht, obwohl Sarah grundsätzlich gar kein negativer Mensch ist. Sie hat das Gefühl, dass sie nicht versteht, was der Chef von ihr verlangt, und dass sie die Aufgaben dann dementsprechend unzufriedenstellend ausführt. Mittlerweile fürchtet sie sich sogar ein bisschen, wenn sie zu einer Besprechung in sein Büro muss.

Marie und Sarah arbeiten in der gleichen Abteilung, haben die gleichen Kollegen und den gleichen Vorgesetzten. Der einen geht es sehr gut, der anderen schlecht. Marie hat schon länger bemerkt, dass sich ihre Kollegin Sarah nicht wohl fühlt, und bekommt auch mit, dass Sarah und Herr Langher keinen guten Draht zueinander haben.

»Ich weiß nicht, was ich noch machen soll! Wie kann es sein, dass wir so gar nicht harmonieren und du mit ihm so gut auskommst?«, fragt Sarah. »Ich weiß, dass ich meine Arbeit sehr gut erledigen kann. Vielleicht bin ich ihm einfach nicht sympathisch und mehr ist es gar nicht?«

»Ich denke nicht, dass es daran liegt, aber ich kann dir ein kleines Geheimnis verraten«, meint Marie. »Es gibt Tricks und Methoden, wie man jemanden besser einschätzen kann und wie man weiß, auf welcher Ebene man mit jemandem kommunizieren soll. Über Herrn Langher weiß ich mehr, als du dir denkst!«, erklärt sie.

»Ich habe gelernt zuzuhören, und zwar bewusst, und weiß, worauf man hören muss und welche Techniken es gibt, sodass sich der andere im Gespräch wohl fühlt und einem selbst zuhört. Mit ein bisschen Übung – und üben kann man jederzeit und mit jedermann – bekommst du ein Gefühl für die Sprache und setzt diese in der eigenen Kommunikation mit Menschen um. Wenn ich beispielsweise zu Herrn Langher in die Besprechung gehe, dann weiß ich bereits die folgenden Dinge: Er interessiert sich nur für Daten und Fakten, das heißt, ich komme gleich zum Punkt und lasse alle Emotionen weg. Sobald er alle wichtigen Informationen hat, kann ich ihm auch ruhig meine Meinung sagen. Er selbst reagiert darüber hinaus nur auf einen Appell. Das bedeutet, wenn ich eine Anregung habe und ihm dies direkt und offen kommuniziere, reagiert er meist sehr positiv darauf und nimmt meinen Vorschlag an. Ich selbst bin dafür verantwortlich, wie etwas beim anderen ankommt. Wenn ich also weiß, in welcher Form etwas bei Herrn Langher gut ankommt, formuliere ich meine Sätze oder Anregungen einfach so, dass er es versteht. Mittlerweile weiß ich auch, dass Herr Langher sehr zukunftsorientiert ist. Auch das berücksichtige ich immer, wenn ich mit ihm spreche, und ich versuche, alles möglichst positiv und zukunftsorientiert zu besprechen. Außerdem habe ich gemerkt, dass es besonders gut ankommt und das Gespräch positiv beeinflusst, wenn ich mich der Stimmlage und der Sprechgeschwindigkeit von Herrn Langher anpasse, ihn also in gewisser Weise kopiere. Wenn ich mich ihm anpasse, erzeugt das Sympathie. Er merkt das zwar nicht bewusst, aber sein Unterbewusstsein reagiert positiv darauf. Ich komme sehr gut mit ihm zurecht und habe das Gefühl, dass ich ihn verstehe und er mich.«

Sarah hört interessiert zu und entgegnet dann: »Ich habe auch schon versucht, es ihm recht zu machen und mich ihm anzupassen, aber irgendwie funktioniert es nicht!«

»Es geht gar nicht darum, ihm etwas recht zu machen«, sagt Marie,

»sondern ihn zu beobachten und zu analysieren und es dann so anzuwenden, dass er es nicht bewusst merkt. Es gibt ein paar Geheimnisse, die ich dir gern erkläre. Wenn du weißt, worauf du achten musst, wirst du bald einen Unterschied erkennen.«

Ihre persönliche Geschichte

Was Sie soeben gelesen haben, ist nicht irgendeine Geschichte von Marie und Sarah. Das kann die Geschichte von Ihnen sein. Sie können sich entscheiden. Wollen Sie lieber wie Sarah sein oder wie Marie, eine kleine Mentalistin, die weiß, wie ihr Chef funktioniert. Marie hat sich dazu entschieden, aufmerksam zu sein, und hat entdeckt, wie wichtig es ist, seinem Gegenüber zuzuhören und so geschickt viele Dinge zu entdecken und anzuwenden. All das und vieles mehr können Sie lernen und anwenden. Lassen Sie sich überraschen und machen Sie eine erfolgreiche Entdeckungsreise durch die Geheimnisse der 5 Sinne.

Dem Erfolg darf man nicht nachlaufen,
man muss ihm entgegengehen!
Manuel Horeth

Der Gehörsinn oder die Gabe, zu hören

Wir Menschen können Unglaubliches mit unserem Gehörsinn leisten und wir können unser Gehör nicht abschalten.
Von Geburt an lernt das Gehirn Geräusche und Töne mit konkreten Personen, Tieren oder Situationen zu verbinden und zu unterscheiden und es kann schließlich beispielsweise vom Bellen eines Hundes auf ein bestimmtes Tier schließen. Neben dem Hören von Tönen im Allgemeinen kommt dem Gehör eine wichtige Funktion als sogenannte »Alarmanlage« des Körpers zu. Im Straßenverkehr warnt uns das Gehör etwa vor herannahenden Autos oder in der Freizeit vor lästigen Mücken.
Damit Hören auch wirklich funktioniert, müssen viele Einzelelemente mitspielen: Das Trommelfell fängt den Schall ein und leitet die

Schwingungen über Hammer, Amboss und Steigbügel zur Schnecke. Dort schwingt Flüssigkeit im Schallrhythmus und erregt die Haarzellen, die elektrische Impulse ins Gehirn senden. Fällt nur ein Glied in der Kette aus, kommt es zu Schwerhörigkeit.

Was hat der Hörsinn mit Mentalismus zu tun? Und wann haben Sie das letzte Mal unvoreingenommen und bewusst ihrem Gegenüber zugehört? Haben Sie schon einmal erlebt, dass Sie Ihr Gesprächspartner total falsch verstanden hat? Die meisten Leute bezeichnen sich als relativ gute Zuhörer, schließlich kann ohne Zuhören auch kein Gespräch geführt werden, und meistens glaubt man von sich selbst, dass man seine Anliegen klar und eindeutig formuliert. Ich werde Ihnen zeigen, dass das Thema »Zuhören« weitaus vielfältiger ist, als Sie vermuten würden, und dass die eigene Realität und Interpretation stark davon abhängt, was Sie als Zuhörer verstehen beziehungsweise verstehen wollen.

Bitten Sie ein paar Freunde, Kollegen oder Familienmitglieder zu sich und setzen Sie sich in einem Kreis zusammen. Am besten mehr als fünf Personen – diese bilden die Versuchspersonen.

So einfach die nun folgende Übung ist, so deutlich zeigt sie die verschiedenen Facetten des Zuhörens.

Überlegen Sie sich eine kleine Geschichte, die Sie mit wenigen Sätzen erzählen können. Spielen Sie nun »Stille Post« und flüstern Sie diese Geschichte einer Person weiter, ohne dass die anderen Personen es hören können.

So erzählt jede Person immer nur dem Sitznachbarn die Geschichte und die letzte Person darf sie dann laut wiedergeben. Vergleichen Sie nun die Geschichte mit Ihrer ursprünglichen Geschichte. Hat sich im Inhalt etwas verändert? Wurde exakt Ihre Schilderung wiedergegeben?

Bei der Übung »Stille Post« gibt man das weiter, was man versteht, und trotzdem kommt am Ende meistens etwas anderes heraus. Dies hängt mit der Art und Weise zusammen, wie die Personen sich gegenseitig zuhören.

Tipp: Lesen Sie das Kapitel »Hören« komplett durch und versuchen Sie die Übung im Anschluss erneut. Sollten Ihre Mitspieler das Buch nicht gelesen haben, so erklären Sie ihnen doch die wichtigsten Elemente und wiederholen Sie die Übung. Lassen Sie sich vom Ergebnis überraschen.

Gut reden können viele. Die Kunst liegt jedoch im bewussten Zuhören und im Einfühlen in die andere Person. Wissen Sie, ob Sie ein guter Zuhörer sind und was einen guten Zuhörer ausmacht? Bevor wir ins Thema einsteigen, versuchen Sie den folgenden Selbstcheck und machen Sie sich Gedanken darüber, ob und wie Sie diese Kunst bereits beherrschen.

Bin ich ein guter Zuhörer?

Lesen Sie den folgenden Infotext <u>einmal</u> zügig und aufmerksam durch. Beantworten Sie danach die Fragen, ohne viel zu überlegen. Kreuzen Sie an, ob es sich um eine richtige, falsche oder unbekannte Aussage handelt.
(Die Antworten finden Sie auf der nächsten Seite.)

Infotext
Ein bewährter Fußballspieler wird vom Trainer für ein wichtiges Spiel nicht aufgestellt. Daraufhin verlässt er die Mannschaft. Das wird von den Kollegen bedauert, denn er war allgemein geschätzt. Es wird darüber diskutiert, ob man etwas unternehmen soll.

Der Trainer hat dem Spieler die Aufstellung verweigert.
☒ richtig ☐ falsch ☐ unbekannt

Der Spieler war darüber verärgert und kündigte.
☒ richtig ☐ falsch ☐ unbekannt

Der Grund des Austritts war, weil er für das Spiel nicht aufgestellt wurde.

☑ richtig   ☐ falsch   ☐ unbekannt

Der Austritt wurde von der Mannschaft bedauert.

☑ richtig   ☐ falsch   ☐ unbekannt

Die anderen Spieler diskutierten, ob man gegen das Vorgehen des Trainers etwas unternehmen solle.

☑ richtig   ☐ falsch   ☐ unbekannt

Die Mannschaft unterhielt sich mit dem Spieler.

☐ richtig   ☑ falsch   ☐ unbekannt

Der Trainer war an der Diskussion der Mannschaft nicht beteiligt.

☐ richtig   ☐ falsch   ☑ unbekannt

Es handelt sich um einen beliebten Spieler.

☑ richtig   ☐ falsch   ☐ unbekannt

Der Trainer kündigte den Spieler.

☐ richtig   ☑ falsch   ☐ unbekannt

Der Spieler war allgemein geschätzt und es wurde diskutiert, ob man etwas unternehmen solle.

☑ richtig   ☐ falsch   ☐ unbekannt

Lösung

Infotext

Ein bewährter Fußballspieler wird vom Trainer für ein wichtiges Spiel nicht aufgestellt. Daraufhin verlässt er die Mannschaft. Das wird von den Kollegen bedauert, denn er war allgemein geschätzt. Es wird darüber diskutiert, ob man etwas unternehmen soll.

Der Trainer hat dem Spieler die Aufstellung verweigert.
☐ richtig   ☐ falsch   ☑ unbekannt

Der Spieler war darüber verärgert und kündigte.
☐ richtig   ☐ falsch   ☑ unbekannt

Der Grund des Austritts war, weil er für das Spiel nicht aufgestellt wurde.
☐ richtig   ☐ falsch   ☑ unbekannt

Der Austritt wurde von der Mannschaft bedauert.
☑ richtig   ☐ falsch   ☐ unbekannt

Die anderen Spieler diskutierten, ob man gegen das Vorgehen des Trainers etwas unternehmen solle.
☐ richtig   ☐ falsch   ☑ unbekannt

Die Mannschaft unterhielt sich mit dem Spieler.
☐ richtig   ☐ falsch   ☑ unbekannt

Der Trainer war an der Diskussion der Mannschaft nicht beteiligt.
☐ richtig   ☐ falsch   ☑ unbekannt

Es handelt sich um einen beliebten Spieler.
☐ richtig   ☐ falsch   ☑ unbekannt

Der Trainer kündigte den Spieler.
☐ richtig   ☑ falsch   ☐ unbekannt

Der Spieler war allgemein geschätzt und es wurde diskutiert, ob man etwas unternehmen solle.
☑ richtig   ☐ falsch   ☐ unbekannt

Der magische Ring des Zuhörens

Haben Sie schon einmal einen Kurs zum Thema »Zuhören« gemacht? Wahrscheinlich nicht!
Einen Rhetorik-Kurs hingegen haben sicher viele von Ihnen schon einmal besucht. Dass rhetorische Fähigkeiten besonders im Berufsleben wichtig sind, ist unbestritten. Gern wird jedoch auf die Basis vergessen. Wenn ich nicht richtig zuhöre, nützt mir die beste Rhetorik nichts.
Jeder von Ihnen kann zuhören, die Frage ist nur, auf welche Art und Weise man zuhört.

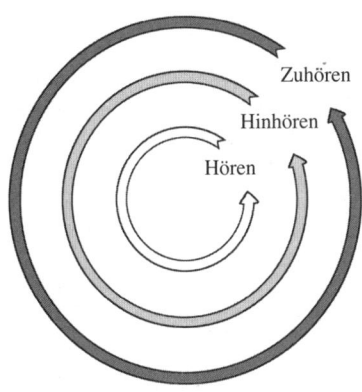

Diese Grafik zeigt, dass es verschiedene Ebenen des Zuhörens gibt. Ganz innen befindet sich der Ring »Hören«, die erste Stufe sozusagen, bei der die Aufmerksamkeit bei sich selbst liegt. Der zweite Ring nennt sich »Hinhören« – das bedeutet, dass der Zuhörer zwar hört, was gesagt wird, jedoch nicht bemüht ist, herauszufinden, was der andere meint. Der äußerste Ring »Zuhören« beschreibt die Kunst des sogenannten »aktiven Zuhörens«.
Was die Ringe im Detail bedeuten, sehen wir uns nun etwas näher an.

Hören

Hören ohne hinzuhören bedeutet, dass man im Gespräch nur mit sich selbst beschäftigt ist und auf Durchzug schaltet. Man vernimmt, also hört das Gesagte zwar, folgt jedoch dem Gespräch nicht wirklich. Würde der Gesprächspartner eine Frage stellen, könnte man diese gar nicht beantworten, weil die Konzentration nicht auf den Gesprächsinhalt, sondern auf die eigene Beschäftigung, die eigenen Gedanken gerichtet ist. Menschen, die nur hören, warten im Grunde darauf, dass der Gesprächspartner eine Pause einlegt, um selbst zu Wort zu kommen.

Besonders geschickte Gesprächspartner verbergen, dass sie eigentlich gar nicht richtig zuhören, und lenken die Aufmerksamkeit so schnell wie möglich auf sich selbst.

A: »Stell dir vor, gestern war ich im Theater und hab mir die neue Inszenierung von Christoph Schlingensief angesehen. Also anfangs war ich ein wenig verwirrt über die Handlung, aber nach der Pause war es dann so, dass …«

B: »Ich verstehe – als ich das letzte Mal im Theater war, das war im Frühling, da …«

Eine andere Möglichkeit ist, dass der Zuhörer auf Autopilot schaltet, lächelt und mit zustimmenden Worten wie »ja«, »nein«, »genau« und anderes mehr ins Gespräch einstimmt. So ist natürlich nicht gleich erkennbar, dass der Gesprächspartner im Grunde nicht bei der Sache ist.

Viele Gesprächspartner hören auch sehr selektiv zu und verstehen nur das, was sie verstehen wollen. Bei angenehmen Gesprächen hören sie zu (»Vielen Dank, dass du mir gestern beim Aufräumen geholfen hast!«), sobald es aber unangenehm wird, schweifen sie gedanklich ab und beschäftigen sich nebenbei mit anderen Dingen (»Warum hast du schon wieder vergessen, den Müll runterzubringen, ich hab dir doch schon gesagt, dass mir das wichtig ist!«).

Hinhören

Im zweiten Ring ist es so, dass der Gesprächspartner zwar zuhört, sich jedoch nicht bemüht, herauszufinden, was der andere wirklich meint oder sagen will. Hört man nur hin, vermittelt man dem Sprecher zwar, dass man aufmerksam zuhört, in Wirklichkeit ist man jedoch gefühlsmäßig distanziert.

Eine andere Form des »Hinhörens« ist das passive Hören. Passive Zuhörer hören vermeintlich aufmerksam zu, würden aber niemals auf die Idee kommen, den Sprecher zu unterbrechen. Obwohl sie zuhören, ist ihre Reaktion minimal, sodass der Gesprächspartner oft nicht weiß, ob seine Worte Anklang finden. Für viele ist ein passiver Zuhörer irritierend, manchmal ist der Redner jedoch auch so mit der Erzählung seiner eigenen Geschichte beschäftigt, dass es ihn nicht stört, wenn sein Gegenüber lediglich mit »aha«, »mhm« und ähnlichen Wörtern reagiert.

Zuhören

Den äußersten Ring und damit die Kunst des Zuhörens nimmt das aktive Zuhören ein. Aktives Zuhören bedeutet, dass man sich voll und ganz auf das Gespräch konzentriert, nicht nur auf den Inhalt, sondern auch auf die Zwischentöne und Bemerkungen. Dem Gesprächspartner wird vermittelt, dass es im Moment nichts Wichtigeres gibt als ihn oder sie.

Aktives Zuhören bedeutet, dass man seinem Gesprächspartner die volle Aufmerksamkeit schenkt, um Vertrauen aufzubauen. Man geht mit seiner eigenen Wahrnehmung sehr vorsichtig um und vermeidet zu interpretieren, was der Gesprächspartner wirklich sagen will. Neigt man dazu, in ein Gespräch seine eigene Interpretation einfließen zu lassen, so ist es besser, wenn man bei Unklarheiten entweder das Gesagte zusammenfasst oder einfach noch einmal genauer nachfragt. Ist man aktiv am Gespräch beteiligt, kann man den Gesprächspartner auch aktiv unterstützen, seine Geschichte weiterzuerzählen. So kommt ein Gespräch ins Fließen und Missverständnisse werden vermieden. Nachstehend finden Sie die wichtigsten Techniken zusammengefasst.

Techniken des aktiven Zuhörens

Abwägen	»Was empfindest du als schlimmer: die emotionale Belastung oder dass du mehr arbeiten musst?«
Nachfragen	»Nachdem du das gesagt hattest, reagierte Maria nicht?« »Was meinst du mit ‚verwirrt‘ genau?«
Paraphrasieren	Die Aussage wird mit eigenen Worten wiederholt.
Unklares klären	»Du hast gesagt, du hättest sofort reagiert. War das am gleichen Tag oder erst viel später?«
Verbalisieren	Die Gefühle, die Emotionen des Gegenübers werden gespiegelt. »Das hat dich sehr traurig gemacht, oder?«
Weiterführen	»Dann hat der Vorgesetzte das Gespräch gesucht. Wie hat er sich dann verhalten?«
Zusammenfassen	Das Gehörte wird mit wenigen Worten zusammengefasst. »Also, wenn du das nächste Mal in der Situation bist, würdest du auf keinen Fall Sandra anrufen!?«

Versuchen Sie bei Ihrem nächsten Gespräch diese Techniken umzusetzen und erleben Sie den Unterschied. Mit ein wenig Übung werden Ihre Mitmenschen Sie als mitfühlenden und aktiven Gesprächspartner erleben.

Die wichtigsten Eckpunkte der Kommunikation nach dem MENTAL-Prinzip

Mitdenken
Wichtig ist, dass man hört, was der andere sagt, und mitdenkt. Nicht zu verwechseln mit dem Interpretieren des Gesagten. Mitdenken ist die Basis einer gegenseitigen und vor allem gelungenen Kommunikation.

Einstellung auf das Gegenüber
Die Einstellung auf das Gegenüber ist von großer Bedeutung, da man sich so auch in den Zustand des anderen hineinversetzen kann und das Gefühl

vermittelt, voll am Gespräch teilzunehmen. Lassen Sie sich auf das Gespräch ein.

Nacheinander
Der Ablauf von Zuhören und Sprechen sollte unbedingt eingehalten werden, denn Unterbrechungen stören das Gespräch. Lassen Sie ihrem Gegenüber Zeit, seine Gedanken fertig zu formulieren, und machen Sie kleine Pausen, manchmal benötigt der Gesprächspartner noch ein wenig Zeit, seine Gedanken zu Ende zu bringen.

Toleranz
Es ist wichtig, das Gehörte wertzuschätzen und dem Gesprächspartner das Gefühl zu geben, dass man ganz und gar Teil des Gesprächs ist und dass man würdigt, was er sagt.

Aufmerksam
Seien Sie aufmerksam. Richten Sie all Ihre Sinne auf Ihren Gesprächspartner und bringen Sie sich aktiv ein. Achten Sie auf Zwischentöne, Sprechgeschwindigkeit und die Intensität der Sprache.

Lebendig
Halten Sie das Gespräch lebendig, indem Sie auf das Gehörte achten und das Gespräch aktiv mitgestalten. Setzen Sie das Gehörte um, indem Sie sich Ihrem Gegenüber anpassen und ihn spiegeln.

Auf der Bühne bekomme ich über den ersten akustischen und optischen Eindruck die Basisinformationen über einen Zuschauer.

Über **das aktive Zuhören** vertiefen sich diese Informationen noch weiter. Das aktive Zuhören bezieht sich nicht nur auf den Inhalt des Gesagten, sondern auch auf das WIE.

Welche Stimme hat diese Person? Tief, hoch, stark, schwach, entspannt, angestrengt?

Wie spricht die Person? Schnell, langsam, Hochsprache, Dialekt?

Welchen Wortschatz verwendet die Person? Umfang und Qualität?

Wie betont sie Wörter und Silben?

Aktives Zuhören heißt im Mentalismus, nicht nur auf den Inhalt zu hö-

ren, sondern auch auf Botschaften zu achten. Botschaften, die jeder Mensch aussendet, bewusst oder unbewusst.
Üben kann man dies im alltäglichen Leben.

Durch verschiedene Stimmeigenschaften kann man auf Charaktereigenschaften schließen:
Sicherheit: starke, entspannte Stimme
Offenheit: natürliche Dialektfärbungen, natürliche Wortwahl, ruhige Atmung
Schüchternheit: kein Nachdruck in der Stimme
Ängstlichkeit: flache Atmung und Hyperventilation, Kopfstimme
Befangenheit: überartikulierte Sprache und gekünstelte Sprechweise

Sammeln Sie so viele Informationen von Ihren Gesprächspartnern, wie Sie bekommen können, denn das wird Ihnen die Sicherheit geben, Ihr Gegenüber bestmöglich einzuschätzen.
Hören Sie bei Menschen auf den Inhalt ihrer Worte und versuchen Sie diesen Inhalt mit den unterbewussten Botschaften zu vergleichen.

Vernebelte Botschaften

Wie Sie bereits gehört haben, ist Maries Geheimnis, dass sie gelernt hat aktiv zuzuhören und so positiv auf ein Gespräch Einfluss nehmen kann. Zu einem Gespräch gehören zwei Personen – der Sender und der Empfänger. Marie kann aber auch als Sprecherin stark Einfluss darauf nehmen, was der andere versteht. Dieses Geheimnis muss Marie Sarah erst beibringen, denn sie weiß (noch) nicht, wie sie Nachrichten senden muss, sodass diese bei Herrn Langher richtig ankommen.

Kommunikation bedeutet, Gedanken und Nachrichten von einer Person zur anderen zu übermitteln. Das Ziel der Kommunikation ist die perfekte Verständigung zwischen zwei oder mehreren Personen.

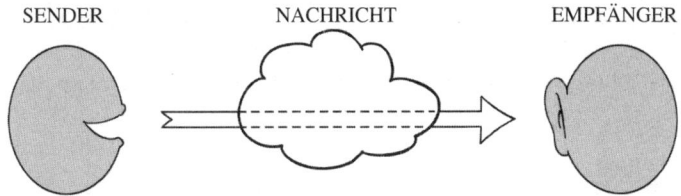

SENDER NACHRICHT EMPFÄNGER

Die Grafik zeigt eine Nachrichtenübertragung zwischen Sender und Empfänger. Dazwischen können Störfaktoren auftreten, die die Kommunikation erschweren oder sogar verhindern. Diese Störfaktoren werden als »Nebel« bezeichnet, die die ursprüngliche Nachricht »verschleiern«. Dieser »Nebel« kann verschiedenartig auftreten.

Eine Kommunikation kann ganz einfach durch Lärm gestört werden. Der Empfänger versteht das vom Sender Gesagte nicht, weil die Umgebung beispielsweise zu laut ist. Auch Fremdwörter, die der Empfänger nicht versteht, führen zu einer Störung der Kommunikation. Genauso können unterschiedliche Sprachniveaus zur »Verschleierung« beitragen. Spricht man mit Kindern, so ist es selbstverständlich, sein gewohntes Sprachniveau herunterzusetzen, sodass ein Kind versteht, was man ihm sagen möchte. Der Sender passt sich also dem Empfänger an. Was sich an dem Beispiel mit den Kindern logisch und nachvollziehbar darstellt, ist in Gesprächen unter Erwachsenen oft nicht selbstverständlich.
In der Kommunikation trägt der Sender die Verantwortung. Er ist dafür zuständig, dass das, was er sagt, möglichst ohne Störfaktoren ankommt. Versteht der Empfänger die Nachricht nicht, liegt es am Sender, die Nachricht so zu übermitteln, dass diese verständlich ankommt.

Der Sender trägt die Verantwortung, dass die Nachricht richtig ankommt. Wenn der Empfänger eine Nachricht des Senders falsch interpretiert, ist immer der Sender schuld.

Bis jetzt wurde lediglich beschrieben, dass der Sender die Verantwortung trägt. Ein Sprecher kann jedoch unmöglich immer die richtigen Worte für sein Gegenüber finden, da müsste er ja hellsehen können.

Aber es gibt eine Technik, wie Mentalisten arbeiten, um zu gewährleisten, dass die Nachricht immer auf dem richtigen Ohr empfangen wird. Was das bedeutet und wie man lernt, damit umzugehen, damit beschäftigen wir uns im nächsten Abschnitt.

Die Kunst des Mentalisten in der Kommunikation mit den Menschen ist es, diese vor allem auf der Beziehungsebene anzusprechen.

Dabei ist Sympathie besonders wichtig. Sind sich die Gesprächspartner sympathisch, ist die Wahrscheinlichkeit sehr groß, dass die gesendeten Botschaften positiv aufgenommen werden. Stimmt die Beziehungsebene, kann auch die eine oder andere Nachricht, die nicht ganz klar kommuniziert wurde, durchaus positiv aufgenommen werden – weil der Empfänger auf der Beziehungsebene reagiert.

Die Beziehungsebene bestimmt demnach die Inhaltsebene!

Auch wenn ich jemandem sympathisch war, die Beziehungsebene sich als positiv darstellte, bemerkte ich in einigen Shows, dass die gewünschte Reaktion trotzdem nicht immer zur Gänze eingetreten ist.

Das heißt, es muss noch etwas anderes geben, um bei seinem Gesprächspartner seine Botschaften exakt und zielgerecht zu hinterlassen.

Aus diesem Grund habe ich mich mit Kommunikationsmodellen beschäftigt. Eines der besten ist das **4-Ohren-Modell**, das zusätzlich zur Beziehungsebene noch drei weitere Ebenen kennt, auf denen Kommunikation passiert.

Das Wunder der Ohren

Was ist Ihr Lieblingsohr?

Wie Sie bereits gehört haben, ist die Kommunikation ein machtvolles Instrument. Obwohl jeder dieses Instrument besitzt, wird es von den wenigsten Menschen in all seiner Kraft verwendet. Dies liegt ganz einfach daran, dass die wenigsten wissen, dass man mit Training gewährleisten kann, dass exakt das, was man will, beim Empfänger ankommt, und dass man so einem Gespräch eine individuelle Richtung geben kann.

Es ist nicht ungewöhnlich, dass jemand eine Aussage trifft, die vom Gegenüber falsch verstanden wird, und so ein Konflikt entsteht. Die folgende Szene kommt vielleicht einigen bekannt vor. Ein Mann und seine Frau sitzen am Abend im Wohnzimmer. Plötzlich sagt der Mann zu seiner Frau: »*Da liegt etwas Schwarzes auf dem Teppich!*« Darauf antwortet die Frau schnippisch: »*Wenn es dir nicht passt, kannst du ja selber Staub saugen!*«

Ein Kommunikationsmodell, das diese Situation erklären kann, ist das 4-Ohren-Modell aus der Kommunikationspsychologie. Bei diesem Modell geht man davon aus, dass jede Nachricht, die ein Mensch sendet, vier Botschaften enthält. Die Aussage »Da liegt etwas Schwarzes auf dem Teppich!« enthält vier Ebenen, wie sie der Sender meinen kann. Auch auf der Seite des Empfängers gibt es vier Ebenen, vier Ohren, mit denen die Nachricht empfangen und interpretiert werden kann.

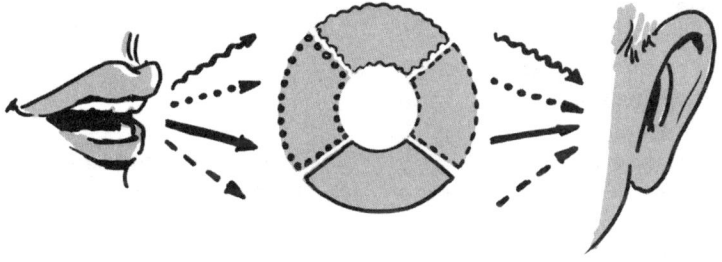

Auf der **Sachseite** informiert der Sprechende über den Sachinhalt, das heißt über Daten und Fakten. Die Seite der **Selbstkundgabe** umfasst das, was der Sprecher durch das Senden der Botschaft von sich preisgibt. Auf der **Beziehungsseite** kommt zum Ausdruck, wie der Sender zum Empfänger steht und was er von ihm hält; hier spielen Formulierung, Tonfall, Mimik etc. eine große Rolle. Auf der **Appellseite** wird deutlich, was der Sender beim Empfänger erreichen möchte, oder sie enthält die Aufforderung, etwas Bestimmtes zu tun oder zu lassen.

In unserem Beispiel sendet der Mann seine Nachricht auf vier Ebenen.

»Ich sehe etwas Schwarzes.«
Sachebene (Worüber ich informiere)

»Ich weiß nicht, was es ist.«
Selbstkundgabe (Was ich von mir zu erkennen gebe)

»Du wirst es wissen.«
Beziehung (Was ich von dir halte und wie ich zu dir stehe)

»Sag mir bitte, was es ist!«
Appell (Was ich bei dir erreichen möchte)

Auf der Seite des Empfängers gibt es ebenfalls vier Ebenen, also vier Ohren, mit denen die Frau die Nachricht empfangen und verstehen kann.

»Er sieht etwas Schwarzes auf dem Teppich!«
Sachebene (Worüber ich informiere)

»Ich habe beim Saubermachen schon wieder etwas übersehen!«
Selbstoffenbarung (Was ich von mir zu erkennen gebe)

»Er hält mich für eine schlechte Hausfrau.«
Beziehung (Was ich von dir halte und wie ich zu dir stehe)

»Ich sollte in Zukunft noch öfter Staub saugen, damit alles blitzblank ist.«
Appell (Was ich bei dir erreichen möchte)

Dieses Beispiel zeigt, wie Missverständnisse entstehen. Um eine gute

Kommunikation gewährleisten zu können, sollte man das »Lieblingsohr« des Gegenübers kennen. So kann man seine Nachrichten so formulieren, dass diese nicht missverstanden werden.

Ja nachdem, mit welchem Ohr man hört, empfängt man unterschiedliche Signale, interpretiert diese und hört deswegen in einer Nachricht unterschiedliche Aussagen. Hört man beispielsweise mit dem »Sachohr«, so prüft man, ob das Gesagte wahr oder falsch ist, ob es für einen selbst relevant ist und ob die Aussage ergänzt werden sollte oder ausreichend beschrieben ist. Hört man auf dem »Beziehungsohr« besonders gut, so wird der Empfänger für sich abklären, ob er sich herabgesetzt, wertgeschätzt, respektiert oder bevormundet fühlt.
Ist das Lieblingsohr das »Selbstkundgabeohr«, so versucht der Empfänger in der Nachricht etwas über den Sender zu entdecken. Menschen, die besonders auf dem »Appellohr« hören, überlegen sich, was sie denn jetzt am besten machen, denken oder fühlen sollten.

Auch wenn man sich bemüht, der Sender kann nicht immer vorhersehen, wie eine Botschaft verstanden wird. Dies erfordert viel Übung und gestaltet sich natürlich umso leichter, je besser man eine Person kennt.

Auf welchem Ohr hören Sie besonders gut und welches ist das Lieblingsohr Ihres Partners, Ihrer Kinder und Freunde? Versuchen Sie das nächste Beispiel zu lösen und versetzen Sie sich in die Lage des Zuhörers.

4-Ohren-Übung
Lesen Sie das Szenario durch und überlegen Sie, welche Aussagen die Frau auf den verschiedenen Ohren verstehen kann.

Ein Mann und eine Frau sind auf dem Weg zum Einkaufszentrum. Die Frau lenkt den Wagen, der Mann ist der Beifahrer. Plötzlich sagt der Mann zu seiner Frau: »Du, die Ampel ist grün!«

....

Sachebene (Worüber ich informiere)

....

Selbstoffenbarung (Was ich von mir zu erkennen gebe)

....

Beziehung (Was ich von dir halte und wie ich zu dir stehe)

....

Appell (Was ich bei dir erreichen möchte)

Mögliche Lösung

»Die Ampel ist grün!«
Sachebene (Worüber ich informiere)

»Ich fahre einfach zu unsicher.«
Selbstoffenbarung (Was ich von mir zu erkennen gebe)

»Du passt schon wieder nicht auf.«
Beziehung (Was ich von dir halte und wie ich zu dir stehe)

»Fahr endlich los, ich habe es eilig.«
Appell (Was ich bei dir erreichen möchte)

Um Menschen bei der Kommunikation besser einschätzen zu können, kann man sie auch in unterschiedliche Zuhörertypen einteilen. Mit ein bisschen Übung erkennt man sehr schnell, um welchen Typ es sich bei einem Gesprächspartner handelt.

Der sachliche Zuhörer
hält sich an Tatsachen und an das, was er hört. Die anderen Ebenen kommen in der Wahrnehmung nicht vor.

Der einfühlsame Zuhörer
neigt dazu, in den Worten der anderen Aussagen über sich selbst wahrzunehmen. Er reagiert darauf, wie es dem anderen geht.

Der sensible Zuhörer
reagiert sehr stark auf die Beziehungsebene. Er fühlt sich schnell angegriffen, verteidigt sich und reagiert beleidigt.

Die handlungsorientierte Zuhörer
reagiert vor allem auf den Appell, der in einer Botschaft steckt. Er will sofort helfen, aktiv werden und anpacken.

Kennen Sie Ihr Gegenüber nicht, werden Sie in den meisten Fällen auch schwer einschätzen können, wie er oder sie reagiert. Am besten, Sie formulieren so klar wie möglich und vermeiden Doppeldeutigkeiten. Als Zuhörer wiederum sollte man bei Unsicherheiten einfach nachfragen, um Missverständnisse zu vermeiden.

Die Sachebene: Worüber ich informiere
Der Sender der Nachricht vermittelt Daten, Fakten und Sachverhalte und muss diese Informationen auch klar und verständlich senden.

Der Empfänger prüft mit dem Sachohr, ob die Botschaft die wichtigsten Kriterien erfüllt. Ist es wahr oder unwahr, ist die Information für den Empfänger wichtig oder unwichtig und muss etwas ergänzt werden oder ist die Information ausreichend?
Kennen sich die Gesprächspartner, so ist die Sachebene meist klar und muss nicht weiter ergänzt werden.

Die Selbstkundgabe: Was ich von mir selbst kundgebe
In jeder Nachricht steckt auch eine persönliche Information des Senders. Es ist wie ein Hinweis darauf, was gerade im Sender vorgeht und welche Rolle er spielt. Wie der Name bereits sagt, offenbart sich der Sender einmal bewusst mit der Art, wie er sich darstellt, und einmal unbewusst. Jede Nachricht wird somit zu einer Information über die Persönlichkeit des Senders.

Das Selbstkundgabe-Ohr des Empfängers hört darauf, welche Informationen über den Sender in der Nachricht enthalten sind, und versucht zu analysieren und interpretieren. Was sagt mir das über den anderen? Wie geht es ihm? Wie ist er gestimmt?

Die Beziehungsebene: *Was ich von dir halte und wie wir zueinander stehen*
Auf der Beziehungsebene gibt der Sender Informationen über die Beziehung der Gesprächspartner wieder. Durch die Art, wie der Sender den Empfänger anspricht (Formulierung, Tonfall, Körpersprache ...), wird ersichtlich, wie der Sender zum Empfänger steht und was er, bezogen auf den Gesprächsinhalt, vom Empfänger hält. Auf dieser Ebene werden zum Beispiel Respekt, Wohlwollen, Gleichgültigkeit, Verachtung und vieles mehr ausgedrückt.
Empfänger mit einem besonders empfindlichen Beziehungsohr hinterfragen besonders genau und fühlen sich dadurch beispielsweise akzeptiert oder herabgesetzt, respektiert oder bevormundet.

Der Appell: *Wozu ich dich veranlassen möchte*
Wer sich äußert, will in der Regel auch etwas bewirken. Die Appell-Botschaft soll den Empfänger veranlassen, bestimmte Dinge zu tun oder zu unterlassen. Der Versuch, Einfluss zu nehmen, kann mehr oder weniger offen, durch eine Bitte oder aber auch verdeckt durch Manipulation erfolgen.
Der Empfänger fragt sich auf dem Appell-Ohr: »Was soll ich jetzt denken, machen oder fühlen?«

Wie schaffe ich es in kürzester Zeit, Menschen, die auf die Bühne kommen, einzuschätzen und mir ein Charakterbild zu diesen Personen zu formen?
Als Mentalist übt man nicht nur das Hellsehen, sondern zuerst vor allem das **Hellhören**. Das Wort »augenscheinlich« zeigt schon, dass das Auge getäuscht werden kann und der »Schein« oft nicht das »Sein« widerspiegelt.

Über das Ohr erhält man sehr viele Informationen über den Gefühlszustand seines Gegenübers. Wie wecken Sie nun am besten Ihre Gabe,
Emotionen an der Stimme zu erkennen?

Lernen Sie ein Instrument!

Ein Forscherteam in den USA hat erstmals Hinweise gefunden, dass
eine musikalische Erziehung die Fähigkeit erhöht, Emotionen des Gegenübers aus der Klangfarbe der Stimme zu erkennen. Je mehr Jahre
musikalische Erfahrungen der Mensch hat und je früher dieser mit der
musikalischen Ausbildung begonnen hat, desto stärker ist sein Nervensystem dazu fähig, Gefühle aus der Sprache herauszufiltern.

In meiner Show verwende ich für den ersten Kontakt mit einem Zuschauer ein bestimmtes System, um meinen **30-Sekunden-Check** durchzufüh-
ren. Ein Teil von diesem System reagiert auf die Stimme des Zuschauers.
Ganz zu Beginn frage ich nach seinem Namen. Die Art und Weise, wie
die Person ihren Name ausspricht, verrät viel, sehr viel!

Menschen, die ihren Namen zaghaft und leise aussprechen, stufe ich als
schüchtern, zurückhaltend, misstrauisch und ängstlich ein. Menschen,
die ihren Namen mit Stolz und Energie aussprechen, sehe ich hingegen
als selbstbewusst und extrovertiert an, genieße diese Personen aber mit
besonderer Vorsicht, da sie auch sehr egoistisch und egozentrisch sein
können.

Egoistische und egozentrische Personen könnten auf der Bühne den
Ablauf negativ verändern, sie hören oft nicht richtig zu, da sie zu sehr
mit ihrer Selbstinszenierung beschäftigt sind und den Schwerpunkt der
Kommunikation auf das »ICH« und nicht auf das »WIR« legen.

Wenn eine Person auf die Frage »Wie heißen Sie« mit ihrem Vornamen
antwortet, ist das ein Zeichen dafür, dass ein gewisses freundschaftli-
ches Vertrauen vorherrschen kann oder die Person aus einem Umfeld
kommt, in dem es üblich ist, sich mit seinem Vornamen zu begrüßen.
Bekomme ich hingegen den Nachnamen zur Antwort, interpretiere ich
dies auch als gewisse Vorsichtshaltung oder eine urbane Abstammung.

Ich selbst finde Momente, in denen der Zuschauer selbst noch nicht
weiß, dass er analysiert wird, besonders spannend. Allein durch das
Nennen seines Namens ist die erste Phase bereits erledigt und die ersten Rückschlüsse auf den Charakter sind abgeschlossen.

Weitere Details zum 30-Sekunden-Check finden Sie in den nachfolgen-
den Kapiteln.

Die Sinnestypen

Jeder Mensch hat eine ganz eigene Art zu sprechen. Wenn Sie aufmerksam zuhören, werden Sie verschiedene Lautstärken, Geschwindigkeiten, unterschiedliche Stimmhöhen und Melodien in der Stimme feststellen können. Unser Gehirn besitzt die Fähigkeit, Informationen auf unterschiedlichen Kanälen zu verarbeiten. Sinneseindrücke werden aufgenommen, koordiniert und abgespeichert und so wird im Gehirn die Wahrnehmung konstruiert. Bei den Sinnestypen unterscheidet man den visuellen, den auditiven und den kinästhetischen Typ – je nachdem, wie etwas verarbeitet wird. Das bedeutet, dass jeweils die Wahrnehmung über die Augen, die Ohren oder über das Fühlen sehr ausgeprägt ist. Auch wenn eine Ausprägung sehr stark ausgeprägt ist, sind die meisten Menschen dennoch Mischtypen.

Wie kann man nun durch Zuhören erkennen, um welchen Typ es sich handelt, um sich in der Folge anzupassen? Unter anderem hört man das anhand der gesprochenen Wörter. Darüber wird vermittelt, wie etwas erlebt wird. Was damit gemeint ist, können Sie mit den folgenden einfachen Tests ausprobieren.

Teil I: Welcher Typ bin ich?

Dieser Test funktioniert am besten, wenn Sie ihn zu zweit machen. Eine Person liest die Begriffe vor und die andere notiert für sich auf einem Blatt Papier, in welcher Form sie die genannten Begriffe wahrnimmt.
Machen Sie den Test allein, so können Sie Ihre Wahrnehmung neben den Begriffen ankreuzen.
Besonders wichtig ist, dass Sie auf Ihre »innere Assoziation« achten, auf das, was Sie zuerst bemerken. Sehen Sie den Begriff bildlich vor sich oder hören Sie Geräusche oder fühlen Sie etwas?

	Sehen	Hören	Fühlen
Wind			
Stern			
Eisenbahn			
Kaffee			
Gewitter			
Baum			
Regen			
Rosen			
Kinder			
Lernen			
Freizeit			
Wasserfall			
Himmel			
Tulpe			
Paris			
Liebe			
Brauerei			
Löwe			
Schuh			
Stehlampe			
Palme			
Gießkanne			
Basilikum			
Fernseher			
Radio			

Hört man Menschen bei Gesprächen genau zu, kann man anhand der verwendeten Wörter erkennen, in welcher Form ein Mensch seine Umwelt wahrnimmt und verarbeitet. Wollen Sie herausfinden, zu welchem Typ Ihr Gegenüber gehört, so müssen Sie ganz genau auf die Wörter achten, die Ihr Gesprächspartner verwendet. Ein visueller Typ verwendet gern Wörter wie »ansehnlich«, »hell«, »klar«, »scheinbar«, »transparent«, »Bild« und vieles mehr. Ein auditiver Typ verwendet vorzugsweise Wörter, die mit dem Hörsinn in Verbindung stehen, wie »flüstern«, »fragen«, »quietschen«, »pfeifen«, »klingen«, »Musik«, »Töne«, »schmatzen« und anderes mehr. Ist die Person ein Kinästhet, erlebt also viel über das Fühlen, wird sie zum Beispiel Wörter wie »anknüpfen«, »hart«, »müde«, »rau«, »sanft« verwenden.

visuell	auditiv	kinästhetisch
sehen	laut	berühren
klar	leise	einbinden
hell	hören	spüren
scheinen	flüstern	fühlen
ein Bild machen	fragen	behandeln
gelb, blau etc.	schmatzen	faltig
strahlen	schnurren	frisch
transparent	wiehern	glatt
offenhalten	brüllen	in die Hand nehmen
aufzeigen	bellen	in Kontakt kommen
ausmalen	seufzen	umarmen
eckig	lautlos	müde
durchsichtig	zustimmen	entnehmen
unsichtbar	klingt gut	heftig

Hören Sie beim nächsten Gespräch ganz genau auf die Wörter, die Ihr Gesprächspartner verwendet, und ordnen Sie ihn zu. Die meisten Menschen haben ein bis zwei Lieblingssinne. Wenn Menschen über ein gemeinsames Erlebnis berichten, können ihre Berichte sehr unterschiedlich ausfallen, je nachdem, welche Anteile wie repräsentiert werden.

Teil II: Welcher Typ bin ich?

Lesen Sie die folgenden Begriffspaare, Wörter und Sätze zügig durch und kreuzen Sie, ohne zu überlegen, das an, was Ihnen am ehesten entspricht.

1.
A: farbenfroh
B: laut
C: sanft

2.
A: strahlen
B: knistern
C: schlafen

3.
A: lauschen
B: zeigen
C: erleben

4.
A: glatt
B: schrill
C: durchsichtig

5.
A: laut und schrill
B: dunkel und deutlich
C: frisch und faltig

6.
A: trommeln und knacken
B: drehen und hängen
C: grün und rot

7.
A: Die Zukunft sieht gut aus.
B: Die Zukunft fühlt sich gut an.
C: Die Zukunft klingt gut.

8.
A: Deine Idee gefällt mir und es fühlt sich gut an.
B: Deine Idee gefällt mir und ich sehe, was du meinst.
C: Deine Idee klingt gut, ich verstehe, was du meinst.

9.
A: Das hört sich gut an.
B: Das fühlt sich gut an für mich.
C: Das sieht gut aus, finde ich.

10.
A: Ihre Ideen stoßen nicht auf klingende Ohren bei mir.
B: Ich sehe nicht, dass ihre Ideen erfolgreich sein werden.
C: Ich kann mich für ihre Ideen nicht erwärmen.

11.
A: Ich möchte abwarten, bis sich der Nebel lichtet.
B: Ich möchte abwarten, bis sich wieder Harmonie eingestellt hat.
C: Ich möchte abwarten, bis sich der Druck ein wenig gelegt hat.

12.
A: Ich kann meine Mutter schon hören, wie sie sich wieder aufregt.
B: Ich kann jetzt schon fühlen, wie sich meine Mutter wieder aufregt.
C: Ich kann meine Mutter schon sehen, wie sie sich wieder aufregt.

13.
Sie sprechen mit einem Kunden über ein neues Produkt.
A: Lassen Sie mich Ihnen erklären, was die Vorteile sind.
B: Lassen Sie mich Ihnen zeigen, was die Vorteile sind.
C: Lassen Sie mich ausführen, was die Vorteile sind.

14.
Sie haben einen Fehler übersehen und fürchten sich vor den Konsequenzen.
A: Jetzt werde ich wieder dem Gerede ausgesetzt sein.
B: Jetzt werde ich wieder Aufsehen erregen.
C: Jetzt muss ich wieder den Kopf hinhalten.

15.
Sie haben eine neue Wohnung gekauft und erzählen Ihrer Freundin davon. Was würden Sie am ehesten erzählen?
A: Der Ausblick auf den Berg ist einfach wunderschön.
B: Das Plätschern des Bachs ist einfach nur beruhigend.
C: Die Ruhe, die diese Wohnung ausstrahlt, ist fantastisch.

Tragen Sie Ihre Ergebnisse in die folgende Tabelle ein und rechnen Sie zusammen, wie viele Punkte Sie pro Typ haben. So erkennen Sie, in welche Richtungen Sie tendieren.

	visuell	auditiv	kinästhetisch
1	A	B	C
2	A	B	C
3	B	A	C
4	C	B	A
5	B	A	C
6	C	A	B
7	A	C	B
8	B	C	A

9	C	A	B
10	B	A	C
11	A	B	C
12	C	A	B
13	B	A	C
14	B	A	C
15	A	B	C
Summe	5	6	9

Trainierte Sympathie

Steigern Sie durch Zuhören Ihre Ausstrahlung und werden Sie noch sympathischer.

Jeder Mensch liebt es, wenn man ihm ehrlich Gehör und Aufmerksamkeit schenkt. Widmen Sie Ihren Gesprächspartnern die volle Aufmerksamkeit, die sie verdienen, und man wird Sie als Person, die intensiv zuhören kann, automatisch sympathisch finden. Im besten Fall wird Ihr Gegenüber Sie als einen wunderbaren Gesprächspartner beurteilen. Und das, obwohl Sie inhaltlich kaum etwas Besonderes gesagt haben.

Die **Kunst liegt im Zuhören** und diese Kunst verleiht Ihrer Ausstrahlung eine besondere Note und macht Sie charismatisch.

Wenn sich die Gesprächspartner in einem Gespräch sympathisch sind, verläuft ein Gespräch meistens angenehmer als mit einem Gesprächspartner, der einem nicht sympathisch ist. Angenommen, Sie könnten Sympathie beeinflussen, wie würden dann Gespräche mit Menschen verlaufen, mit denen Sie normalerweise nicht so gut auskommen? Wahrscheinlich besser, oder? Manchmal glaubt man auch

zu wissen, dass man der anderen Person nicht sympathisch ist und deshalb das Gespräch so schleppend verläuft. Da wäre es doch toll, wenn man darauf Einfluss nehmen könnte!
Ob man jemanden sympathisch findet oder nicht, und auch, ob man selbst sympathisch erscheint oder nicht, hängt von vielen Faktoren ab. Einen gewissen Teil davon kann man trainieren und steuern.

- Ähnlichkeit:
  Je ähnlicher uns eine Person ist, desto mehr mögen wir sie.
- Nähe:
  Besteht eine räumliche Nähe zu einer Person, ist die Wahrscheinlichkeit einer Sympathie größer.
- Physische Attraktivität:
  Man neigt dazu, körperlich attraktive Menschen zu mögen.
- Sozialer Austausch:
  Ist das Geben und Nehmen ausgeglichen, unterstützt das die Beziehung zwischen den Personen.
- Assoziation mit angenehmen Dingen:
  Wir mögen Menschen, mit denen Angenehmes verbunden wird.
- Sympathie uns gegenüber:
  Wir mögen Menschen, die uns mögen, die uns sympathisch finden.

Vielleicht ist Ihnen schon mal aufgefallen, dass Sie mit Menschen befreundet sind, die Ihnen auf die eine oder andere Art ähnlich sind. Dies ist noch ein Relikt aus der Steinzeit, als sich die Familien nur mit Ihresgleichen umgeben und beschäftigt haben, da alles, was anders war, Gefahr bedeutete.
Heutzutage umgibt man sich einfach gern mit ähnlichen Menschen, da man dann auch einen gemeinsamen Gesprächsstoff hat und Hobbys und vieles mehr teilen kann. Auch das Unterbewusstsein kennt das Phänomen der Ähnlichkeit und reagiert positiv auf ähnliches Verhalten. Es erkennt sozusagen, wenn ein Gegenüber sich ähnlich anhört, und vermittelt, dass es sich um ein sympathisches Gegenüber handelt.

Grundsätzlich gibt es mehrere Möglichkeiten, um zu erkennen, in welchem Sinnessystem mein Gegenüber gerade denkt. Die nächsten Kapitel werden Ihnen einen Einblick in die Arbeit und das Vorgehen eines Mentalisten zeigen. Mentalisten, aber auch viele Therapeuten, Berater und Coaches hören ihren Klienten ganz genau zu, um herauszufinden, um welchen Typ es sich handelt, um sie zu spiegeln und so Sympathie und Vertrauen aufzubauen. Um Sympathie auf einer sprachlichen Ebene herzustellen, werden Wörter verwendet, die zum Typ des Menschen passen. Bewusst merkt dies der Mensch nicht, nur sein Unterbewusstsein reagiert positiv darauf.

Haben Sie den Sinnestyp Ihres Gesprächspartners erkannt, so versuchen Sie doch einmal genau mit seinen Worten, in seinem Sinnessystem mit ihm zu sprechen, also ihn zu »spiegeln«. Ihr Gegenüber wird wahrscheinlich nicht einmal merken, dass Sie dies tun, den positiven Effekt einer angenehmen Unterhaltung werden Sie jedoch sicher feststellen können.

Im Kapitel »Sehen« werden wir Methoden erklären, wie man anhand der Augenbewegungen und des Gesichts erkennen kann, um welchen Typ es sich handelt, und wie man bereits kleine Vorhersagen treffen kann.

Die Sympathie ist das Vermögen, an den Gefühlen der lebendigen Wesen teilzunehmen. Wir werden, wenn wir sie zerstören, hart und grausam.
John Ruskin

Fühlt sich ein Zuschauer bei mir auf der Bühne sichtlich unwohl, nimmt er meine Anleitungen nicht wahr oder nehme ich Unsicherheit oder Angst vor dem bevorstehenden Experiment wahr, so wende ich in speziellen Fällen die **Technik des »Spiegelns«** an, um ihn langsam an den bevorstehenden Ablauf heranzuführen und sein Vertrauen zu gewinnen.

Sehr wirkungsvoll ist es zum Beispiel, den Atem des Gegenübers zu spiegeln, also im gleichen Rhythmus zu atmen. Wenn beide Körper auf derselben Wellenlänge schwingen, kann eine bessere Beziehung entstehen. Akustisches Spiegeln kann weiters eine Anpassung der Sprache, der Tonhöhe, der Lautstärke und des Sprechtempos sein.

Der menschliche Filter

Nehmen wir an, in einem Dorf gibt es einen neuen Skandal. Die Geschichte hinter dem Skandal wird von den verschiedenen Bewohnern des Dorfes aus unterschiedlichen Blickwinkeln erzählt. Der Dorfpfarrer wird die Begebenheit anders weitererzählen als die Lehrerin. Der Müller Joachim wird die Geschichte anders erzählen als Anna, die Hausfrau, Thomas, der Polizist, oder die kleine Sophie. Eine Geschichte – mehrere Darstellungen.

Sie haben sicher schon einmal einen Witz erzählt, der bei den einen sehr gut angekommen ist und für andere ausgesprochen langweilig war. Die einen haben sich vor Lachen gekrümmt und die anderen reagierten kaum auf Ihren Witz, fast so, als hätte jeder etwas anderes gehört. Und genau so ist es auch.
Da unser Bewusstsein nur eine bestimmte Menge an Informationen verarbeiten kann, wird die restliche Information einfach gelöscht. So wie jeder ein oder mehrere »Lieblingsohren« hat, hat auch jeder Mensch Filter in seiner Sprache. Die für uns wichtige Information wird gefiltert und bestimmt damit unsere Wahrnehmung.

Wenn Sie wissen wollen, welche Verhaltensmuster und Filter Ihre Mitmenschen haben, müssen Sie aktiv zuhören und können mit bestimmten Fragen wertvolle Informationen gewinnen. Mit diesem Wissen ist es Ihnen dann sogar möglich, Verhalten vorherzusagen.
Es gibt sehr viele unterschiedliche Filter; im Folgenden finden Sie die wichtigsten zusammengefasst.

Hin zu – weg von
Bei diesem Filter geht es um die Motivation des Menschen, und diese ist relativ einfach zu erkennen. Menschen mit einem »Hin zu«-Filter streben nach dem, was sie wollen.
Wohingegen Menschen mit einem »Weg von«-Filter ihren Mitmenschen ständig erzählen, was sie alles nicht mehr haben, tun oder sein möchten.

Fragen: »Zieht es dich zu etwas Neuem hin oder willst du etwas vermeiden?«
»Was möchtest du ändern?«

Intern – extern
Dieser Filter bestimmt, wie eigene Resultate beurteilt werden. Ist jemand »intern«, wird es ihn nicht interessieren, ob jemand anderer das selbst gemalte Bild schön findet. Die Beurteilung erfolgt nur über seinen eigenen Geschmack und ganz unabhängig davon, was andere sagen. Ist jemand eher »extern«, wird die Meinung der Mitmenschen über das Bild eine große Rolle spielen. Das bedeutet, dass der Maßstab von außen kommt und dass Unsicherheit mitschwingt.

Fragen: »Machst du Entscheidungen davon abhängig, wie du die Dinge siehst, oder ist es dir auch wichtig, zu wissen, was andere denken?«
»Gefällt dir, was du gemacht hast, oder willst du lieber noch eine Freundin fragen?«

Proaktiv – reaktiv
Dieser Filter sagt etwas darüber aus, wie aktiv Menschen ihr Leben führen und wie schnell jemand in einer bestimmten Situation zu handeln beginnt. Ein »proaktiver« Mensch verfolgt seine Ziele, handelt schnell und wartet nicht ab. Er geht zielstrebig auf neue Aufgaben zu. Ein »reaktiver« Mensch lässt den Dingen ihren Lauf und reagiert bei Notwendigkeit darauf, aber nicht vorher.

Frage: »Handelst du von dir aus oder wartest du gern ab, bis sich ein passender Anlass ergibt?«
»Ergreifst du gern die Initiative?«

Gleichheit – Unterschied

Wenn Menschen Dinge miteinander vergleichen, so gibt es jene, die dazu tendieren, die Gemeinsamkeiten aufzuzählen, und jene, die sofort die Unterschiede sehen. Fragt man Menschen beispielsweise nach ihren bisherigen Jobs, dann werden einige sagen, dass es im Grunde immer das Gleiche war. Die anderen werden in ihrer Beschreibung eher darauf eingehen, was anders, unterschiedlich und neu war.

Fragen: »Vergleiche doch mal deine jetzige Beziehung mit der vergangenen.«
»Wenn du in eine unbekannte Wohnung kommst, was fällt dir eher auf? Die Ähnlichkeiten zu deiner Wohnung oder die Unterschiede?«

Vergangenheit – Gegenwart – Zukunft

Diese unterschiedlichen Zeitaspekte beeinflussen die Aufnahme von Informationen maßgeblich. Ist eine Person vergangenheitsorientiert, wird sie Informationen, die Aussagen über die Zukunft enthalten, wahrscheinlich eher überhören oder löschen. Menschen, die stark in der Zukunft leben, planen viel; und Menschen, für die die Gegenwart besonders wichtig ist, sind wahrscheinlich weniger an Informationen, die die Vergangenheit betreffen, interessiert.

Fragen: »Ist es für dich wichtig, die Zukunft zu planen?«
»Welcher Zeitaspekt ist für dich der wichtigste und warum?«

Beurteilend – wahrnehmend

Es ist Ihnen sicher schon aufgefallen, dass es unterschiedliche Auffassungen gibt, was die Beurteilung von Erzählungen betrifft. Es gibt Menschen, die ständig Beurteilungen abgeben und Erzählungen mit »gut« oder »schlecht« und »falsch« oder »richtig« bewerten. Andere wiederum beurteilen kaum und nehmen Dinge kommentarlos hin.

Fragen: »Wie findest du das, was Leon soeben erzählt hat?«

»Neigst du eher dazu, Dinge zu bewerten, oder sind die
Dinge einfach so, wie sie sind?«

Überblick – Detail

Besonders im Berufsleben ist gut erkennbar, welchen Filter man
selbst, aber auch welchen die Kollegen haben. Es gibt Kollegen, die
bei Besprechungen immer die Details abklären wollen. Andere wiederum benötigen vorher den Überblick, bevor sie ins Detail gehen.

Fragen: »Wenn wir das neue Projekt besprechen, was ist dir wichtiger: zuerst den Überblick zu haben oder gleich die Details
zu besprechen, die dich betreffen?«
»Wenn du etwas planst, verschaffst du dir zuerst einen
Überblick und gehst danach die einzelnen Schritte durch
oder umgekehrt?«

Egal, welche Filter Sie feststellen, es gibt keine schlechteren oder besseren. Sie formen einfach nur die Wahrnehmung einer Person. Wissen
Sie nun, welche Filter Ihr Gegenüber hat, so werden Sie auch einzelne Dinge vorhersagen können. Ganz einfach deshalb, weil Sie wissen,
welcher Teil der Information aufgenommen wird und welcher nicht.
Wichtig zu wissen ist, dass die Filter je nach Kontext variieren können.
Das bedeutet, dass im beruflichen Umfeld andere Filter vorherrschen
können als im Privatleben. Außerdem laufen sie automatisch ab und
es ist daher manchmal gar nicht einfach, sie zu entdecken.

Um Ihre eigenen Filter zu entdecken und zu erkennen, beobachten Sie sich doch einige Tage selbst und achten Sie auf Ihre Gespräche.
Wenn Sie selbst Ihre Filter kennen und nach einigen Fragen auch die
Filter Ihres Gesprächspartners, dann ist es für Sie möglich, auch im Gespräch gezielt auf Formulierungen zu achten, die Ihr Gegenüber besser
verstehen kann.
Probieren Sie doch in der nächsten Übung, anhand der Gespräche herauszufinden, welche Filter die Personen haben.

Welche Filter hat die Person?

Versuchen Sie anhand der beiden Interviews herauszuhören, um welche Filter es sich handelt.

Tipp für Teil II: Lesen Sie das Interview durch und wählen Sie nacheinander jeweils einen Filter aus. Durchsuchen Sie das Interview nach möglichen Hinweisen.

Teil I

Viola erzählt von ihrer Freundin Sara.

V: Stell dir vor, Sara ist schwanger und letzten Monat ist sie mit ihrem Mann in eine neue Wohnung gezogen.

A: Echt? Das wusste ich ja gar nicht. Im wievielten Monat ist sie denn?

V: Ich glaube, Anfang dritter Monat. Man sieht noch nicht viel. Die Wohnung ist traumhaft, kann ich dir sagen. Als ich reingekommen bin, war ich ganz baff. Sie hat traumhaft schöne Vorhänge und die gleiche Couch, die wir auch haben.

A: Hast du nicht auch vor, umzuziehen?

V: Also, ich will unbedingt, aber ich weiß noch nicht, ob es sich zeitlich so bald ausgeht. Zukünftig stell ich mir auch eine 90-Quadratmeter-Wohnung mit Terrasse vor. Ich will endlich raus aus meiner kleinen Bude.

A: Hast du ihren Mann Peter getroffen? Er ist doch immer ein wenig unhöflich, findest du nicht auch?

V: Ja, er war auch daheim, aber er ist nun mal, wie er ist. Man darf eben nicht alles so ernst nehmen.

Welche Filter konnten Sie heraushören?

_____

_____

_____

_____

Teil I, Lösung

Viola erzählt von ihrer Freundin Sara.

V: Stell dir vor, Sara ist schwanger und letzten Monat ist sie mit ihrem Mann in eine neue Wohnung gezogen.

A: Echt? Das wusste ich ja gar nicht. Im wievielten Monat ist sie denn?

V: Ich glaube, Anfang dritter Monat. Man sieht noch nicht viel. Die Wohnung ist traumhaft, kann ich dir sagen. Als ich rein-gekommen bin, war ich ganz baff. Sie hat **traumhaft schöne Vorhänge (→ Detail)** und die **gleiche Couch (→ Gleichheit)**, die wir auch haben.

A: Hast du nicht auch vor, umzuziehen?

V: Also, ich will unbedingt, aber ich weiß noch nicht, ob es sich **zeitlich so bald ausgeht (→ eventuell reaktiv)**. Zukünftig stell ich mir auch eine 90-Quadratmeter-Wohnung mit Terrasse vor. Ich will endlich raus aus (→ **weg von**) meiner kleinen Bude.

A: Hast du ihren Mann Peter getroffen? Er ist doch immer ein wenig unhöflich (→ **beurteilend**), findest du nicht auch (→ **extern**)?

V: Ja, er war auch daheim, aber er ist nun mal, wie er ist (→ **wahrnehmend**). Man darf eben nicht alles so ernst nehmen.

Teil II

Interview mit dem Bewerber Mario

A: Warum haben Sie sich für diesen Job beworben?

M: Mein Ziel war es immer, selbstständig zu arbeiten. Ich will neue Erfahrungen erleben und vor Herausforderungen ge-stellt werden.

A: Warum ist Ihnen Selbstständigkeit wichtig?

M: Weil ich für mein Arbeitsergebnis selbst verantwortlich sein will und frei arbeiten möchte.

A: Woran würden Sie denn erkennen, dass eine Arbeit, die Sie selbstständig fertiggestellt haben, gut gelungen ist?

M: Nun ja, ich würde sagen, dass ich zuerst einmal selbst mit dem Ergebnis zufrieden sein muss. Und wenn ich das bin, gehe ich davon aus, dass es auch für die anderen okay ist.

A: Angenommen, Sie hätten ein Team und ein neues Projekt am Start. Was wären aus Ihrer Sicht die wichtigsten ersten Schritte, die zum Erfolg führen?

M: Ich denke, dass es wichtig ist, das Team zusammenzurufen. Ich würde sicher ein Meeting anberaumen, in dem das Ziel und der Weg dorthin erklärt werden. Erst danach würde ich meinen Teammitgliedern Aufgaben zuteilen und diese präzisieren.

A: Danke für das Gespräch!

Welche Filter konnten Sie heraushören?

_____

_____

_____

_____

Interview mit dem Bewerber Mario

A: Warum haben Sie sich für diesen Job beworben?

M: Mein Ziel war es immer, selbstständig zu arbeiten. Ich **will neue Erfahrungen erleben und vor Herausforderungen ge-stellt werden** (→ **hin zu, proaktiv**).

A: Warum ist Ihnen Selbstständigkeit wichtig?

M: Weil ich für mein Arbeitsergebnis **selbst verantwortlich sein will** (→ **intern**) und frei arbeiten möchte.

A: Woran würden Sie denn erkennen, dass eine Arbeit, die Sie selbstständig fertiggestellt haben, gut gelungen ist?

M: Nun ja, ich würde sagen, dass ich zuerst einmal **selbst mit dem Ergebnis zufrieden sein muss** (→ **intern**). Und wenn ich das bin, gehe ich davon aus, dass es auch für die anderen okay ist.

A: Angenommen, Sie hätten ein Team und ein neues Projekt am Start. Was wären aus Ihrer Sicht die wichtigsten ersten Schrit-te, die zum Erfolg führen?

M: Ich denke, dass es wichtig ist, das Team zusammenzurufen. Ich würde sicher ein Meeting anberaumen, in dem **das Ziel und der Weg dorthin erklärt werden** (→ **Überblick**). Erst da-nach würde ich meinen Teammitgliedern **Aufgaben zuteilen und diese präzisieren** (→ **Detail**).

A: Danke für das Gespräch!

Die magischen Wörter

Neben den soeben besprochenen Filtern gibt es auch noch verschie-dene magische Wörter, die ständig verwendet werden und auf die man im Alltagsleben kaum achtet, die aber einiges über den Sprecher verraten. Wenn Sie genau aufpassen, können Sie hinter den Vorhang schauen und Ihre Zeitgenossen entlarven. Umgekehrt können Sie selbstverständlich durch das bewusste Einsetzen dieser Wörter spezielle Informationen weitergeben.

Aber

Kommt das Wort »aber« in einem Satz vor, hat es die Eigenart, dass es ganze Satzteile löschen kann. Wie ein kleiner Mentalist löscht das »Aber« einen Teil des Satzes und man konzentriert sich auf eine besondere Stelle. Wie der kleine Mentalist das macht, erklärt das folgende Beispiel: »Die Blumen sind wunderschön, aber das nächste Mal brauchst du nicht mehr so viel Geld auszugeben.« Das »Aber« im Satz bewirkt, dass der erste Teil gelöscht wird und der Mann im Grunde nur hört: »... das nächste Mal nicht so viel Geld ausgeben«. Versuchen Sie doch einfach mal das »Aber« wegzulassen, damit die Aussage auch so ankommt, wie Sie sie gemeint haben. Oder Sie ersetzen das Wort »aber« durch das Wort »und«.

Nicht

Interessant ist, dass das sehr oft verwendete Wort »nicht« im Grunde etwas anderes bewirkt, als man glaubt. Eines der bekanntesten Beispiele ist: »Denken Sie jetzt nicht an einen grellgrünen Elefanten mit gelben Punkten.« All jenen, die jetzt wirklich nicht an den Elefanten gedacht haben, möchte ich gratulieren. Den meisten von Ihnen ist dieser Elefant wahrscheinlich gerade vor dem geistigen Auge erschienen. Das Unterbewusstsein versteht kein »Nicht«, weshalb die Botschaft ganz eindeutig ist: »Denken Sie an den grellgrünen Elefanten.« Was versteht das Unterbewusstsein, wenn man sagt: »Ich will nicht mehr rauchen«? Genau das Gegenteil: »Ich will mehr rauchen«, und das erschwert das Aufhören doch erheblich.

Eigentlich

Das Wort »eigentlich« wird allzu oft verwendet. »Eigentlich will ich jetzt gar nicht ausgehen.« »Eigentlich wollte ich das gestern schon erledigen.« »Eigentlich bin ich zufrieden.« Nicht nur, dass das Wort an sich keine Aussage hat, so hat es, wenn man ihm schon eine Bedeutung zuschreiben will, am ehesten einen unschlüssigen Charakter. Das heißt, dass der Sprecher im Grunde von sich preisgibt, dass er unschlüssig ist. Fragen Sie das nächste Mal doch einfach mal genauer nach, wenn jemand beispielsweise sagt: »Das will ich eigentlich schon so haben.«

Sobald das Wort »eigentlich« Teil eines Satzes ist, können Sie davon ausgehen, dass noch etwas anderes dahintersteckt. Im schlimmsten Fall schwingt bei Sätzen mit dem Wort »eigentlich« immer etwas Negatives mit. Wenn Sie klar und eindeutig sprechen wollen, sodass möglichst keine Interpretationen möglich sind, vermeiden Sie »eigentlich«. »Ich helfe dir gern« klingt doch besser als »Eigentlich helfe ich dir gern«.

Vielleicht

Das Wort »vielleicht« drückt ausschließlich Unsicherheit aus. Viele verwenden es, um sich nicht festlegen zu müssen. Mit dem Wort »vielleicht« erspart man sich eine eindeutige Aussage. Da sowohl im Privat- als auch im Berufsleben Entschlossenheit und Verlässlichkeit als Tugend gelten, ist es besser, das Wort »vielleicht« sparsam zu verwenden.

Auch ich verwende bestimmte Wörter und Wortfolgen, um meine Zuseher auf der Bühne zu beeinflussen. Im Speziellen sind es die Betonungen, die in meinen Shows einen anderen Verständnisverlauf hervorrufen, als man glaubt. So kann ich auch beeinflussen, was die Menschen hören oder hören möchten. Anhand eines einzigen Satzes können Sie den Bedeutungsunterschied erkennen:

Ich werde **dich** nun an diesem Experiment beteiligen
(und keinen anderen Zuschauer).

Ich werde dich **nun** an diesem Experiment beteiligen
(und zwar jetzt in diesem Moment).

Ich werde dich nun an **diesem** Experiment beteiligen
(und an keinem anderen).

Ich werde dich nun an diesem Experiment **beteiligen**
(du wirst es aber nicht alleine machen).

Das Her(t)z der Stimme

Der Psychologe Albert Mehrabian fand heraus, von welchen drei Faktoren die Wirkung einer gesprochenen Botschaft abhängt.
Die aufgenommene Botschaft besteht aus:

- Inhalt des Gesagten (7 Prozent)
- Stimme und Sprechtechnik (38 Prozent)
- Körpersprache (55 Prozent)

Sprich, damit ich dich sehe!
Sokrates

Eines lässt sich also ganz leicht feststellen: Mehr als ein Drittel der Wirkung einer Botschaft hängt von der Stimme und der Sprechtechnik ab und beeinflusst den Eindruck, den man bei einer anderen Person hinterlässt. Die Stimme ist unser zweites Gesicht und verrät viele Details über die Persönlichkeit.

Am authentischsten nimmt man das Gesagte wahr, wenn man in seiner Wohlfühllage spricht. Wie Sie Ihre Wohlfühllage erreichen können, erfahren Sie gleich in der Mentalisten-Übung.

In der Wohlfühllage strahlt man Sicherheit, Kompetenz und Sympathie allein durch die Kraft der Stimme aus und präsentiert seinen Charakter und seine individuelle Persönlichkeit.

Um beim Sprechen den perfekten eigenen Ton zu erreichen und kennenzulernen, sollten Sie Ihre **magische Wohlfühllage** trainieren. Stellen Sie sich dazu gerade hin, schließen Sie die Augen und hören Sie gezielt nur auf Ihre Stimme und den Klang, der entsteht. Brummen Sie jetzt ein angenehmes »mmmmm«, dann ein »mmmmmaaaaa«, dann ein »mmmmmooooo«, dann ein »mmmmmiiiii« und wiederholen Sie dies ein paar Mal.

Wenn Sie im Anschluss an diese Übung normal zu sprechen beginnen, dann werden Sie plötzlich in Ihrer Wohlfühllage sprechen. Ihre persönliche Wohlfühllage erreichen Sie durch häufiges Training.

Perfekter Klang durch richtige Atmung
Jeder Mensch atmet, und das ohne daran zu denken, denn die Atmung ist die natürlichste Sache der Welt. Viele Menschen haben jedoch durch Stress und Verspannungen verlernt, richtig zu atmen, und machen sich kaum Gedanken darüber. Die dadurch entstehende Brustatmung hat eine dünne und gepresste Stimme mit einem zittrigen, unsicheren Ton zur Folge.

Was bedeutet Brustatmung?
Bei der Brustatmung heben sich die Schultern ein wenig nach oben, die Brust wird nach außen gedrückt und der Bauch wird eingezogen. Es ist unmöglich, mit einer Brustatmung tief einzuatmen. Die Lunge hat wesentlich weniger Raum, sich auszudehnen, und das Atemvolumen ist viel geringer als bei der Bauchatmung.

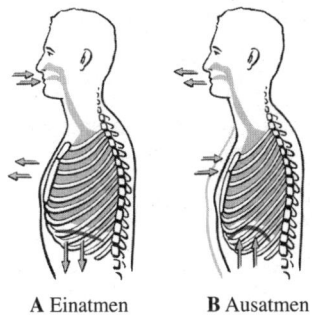

A Einatmen   **B** Ausatmen

Die natürliche Atmung des Menschen
Im alltäglichen Leben sorgt die Bauchatmung für einen wohligen und angenehmen Klang der Stimme. In außergewöhnlichen Situationen wie Aufregung und Stress sollten Sie gezielt versuchen, die Bauchatmung beizubehalten, da man Ihnen dann Ihre innere Stimmungslage weniger anmerkt.
Bauchatmung bedeutet, dass sich das Zwerchfell in Richtung Bauch bewegt, dadurch strömt Luft in die Lunge. Beim Ausatmen und auch beim Sprechen schiebt sich das Zwerchfell wieder zurück, drückt die

verbliebene Luft aus den Lungen an den Stimmbändern vorbei und erzeugt eine gute Stimme.

Die Bauchatmung wird auch Zwerchfellatmung genannt. Die Lunge kann sich beim Einatmen vollständig mit Luft füllen. Das Ausatmen erfolgt kontrolliert und gleichmäßig, indem die Muskeln einfach losgelassen, also locker gelassen werden.

Ihr persönliches Wohlfühlen erreichen Sie durch die **richtige Bauchatmung**, die wir jetzt gemeinsam üben werden.

Am intensivsten spüren Sie das Ergebnis dieser Übung, wenn Sie sich auf den Rücken legen. Sie können das bewusste Atmen auch im Sitzen üben. Achten Sie jedoch darauf, mit geradem Rücken zu sitzen.

Legen Sie Ihre Hände auf den Bauch, atmen Sie gleichmäßig sanft ein und spüren Sie, wie sich Ihr Bauch nach außen drückt.

Lassen Sie zuerst die Luft in Ihren Bauch fließen und dann in Ihre Brust. Atmen Sie aus, indem Sie zuerst Ihre Brust, dann Ihren Bauch einfach locker lassen und einen Ton, zum Beispiel ein »FFFFFFFF«, erzeugen.

Wenn Sie vollständig locker gelassen und ausgeatmet haben, atmen Sie erst ein, wenn Sie einen automatischen Reflex dazu verspüren und wenn es Sie dazu drängt.

Nehmen Sie sich täglich mindestens fünf Minuten Zeit, um sich vollständig auf die richtige Bauchatmung zu konzentrieren. So werden Sie sich Schritt für Schritt an die richtige Bauchatmung gewöhnen und sie automatisieren können. Sie werden sich insgesamt wesentlich lockerer, wacher und gleichzeitig wohler und ruhiger fühlen.

Beeinflussung durch die Kraft der Stimme

Folgende Auswirkungen kann eine Stimme auf uns Menschen haben, wenn wir sie wahrnehmen:

Eine lebendige Stimme und sehr sichere, klare Worte lassen den Puls ansteigen und regen den Kreislauf an. Eine energielose Stimme und eine eintönige Sprechweise bewirken das Gegenteil und machen uns müde.

Eine gepresste Stimme und eine flache Atmung blockieren auch die

Atmung der Zuhörer. Eine ruhige, entspannte Stimme und eine tiefe Atmung dagegen führen auch beim Zuhörer zu tieferer und ruhigerer Bauchatmung.

Selbst die Wahrnehmung von Zeit lässt sich durch die Stimme beeinflussen. Je lebendiger eine Stimme ist, desto rascher pulsieren auch die inneren Rhythmen wie Herzschlag oder Gehirnpulse und lassen einen die Zeit kürzer erleben.

Die Stimme drückt exakt das aus, was im Inneren des Menschen vorgeht; sie lässt Ihre Mitmenschen fühlen, was Sie gerade denken.

Wie bekomme ich nun bewusst diese Energie in meine Stimme?

Entscheidend sind hier die zwei Haltungen, nämlich die innere und die äußere Haltung.

Ob Sie gut verstanden werden, hängt besonders stark von Ihrer inneren Haltung ab, von Ihrem Wunsch, gehört zu werden. Je stärker dieser Wunsch wird, desto mehr Energie investiert Ihr Organismus in Ihre Stimme und desto mehr Volumen und Kraft strahlt diese aus.

Das wirkungsvollste Werkzeug, um Ihrer Stimme Energie zu geben, ist die äußere Haltung.

Wie funktioniert diese nun am besten?

Beide Füße am Boden ungefähr hüftbreit, die Knie locker und entspannt, das Gewicht leicht nach vorne verlagert; die Körpermitte, Kreuz und Becken sind beweglich, die Schultern locker und die Arme hängen nach unten. Sprechen Sie nun entspannt mit Bauchatmung und Sie werden den Unterschied in Ihrer Stimme feststellen.

Um dies in den Alltag zu integrieren, ist nur eine minimale Veränderung der Körperhaltung und der Gelenke notwendig, die von anderen nicht wahrgenommen wird.

Stimme als Mehrwert

Das Ziel ist, Ihre Stimme gezielt einzusetzen, um Ihre Botschaften ohne Nebel zu vermitteln.

Die Redewendung »die Stimme erheben« zeigt die Wichtigkeit der

Stimme in der Kommunikation und deklariert die Stimme als klares Führungsinstrument.

Immer wenn Sie die Stimme erheben, ist es Ihr Ziel, Ihrem Gegenüber etwas mitzuteilen, Aufmerksamkeit zu erzielen, um eine Botschaft zu vermitteln.

Wie können Sie nun möglichst wirksam auf Ihre Stimme aufmerksam machen?

Millionen von Reizen treffen sekündlich auf unseren Organismus, aber der Mensch kann nur 40 davon verarbeiten und in sein Bewusstsein lassen.

Damit Ihre Stimme wahrgenommen und verarbeitet wird, muss sie einen Mehrwert für das Gegenüber haben, eine Information vermitteln, die Ihr Gegenüber sucht oder haben möchte.

Den Mehrwert Ihrer Stimme können Sie auf drei verschiedenen Ebenen beeinflussen:

Auf der ersten Ebene, der Klangebene, stehen die Verständlichkeit, der Wohlklang und die Stimmmodulation im Mittelpunkt.

Eine klare, verständliche Stimme ist die Grundvoraussetzung für die Vermittlung von Botschaften, diese Stimme sollte auch ein Wohlgefühl beim Gegenüber erzeugen. Eine tiefe Stimme erzeugt diesen Wohlklang bei uns Menschen, einen Wohlklang, den wir schon aus dem Mutterleib kennen, in dem das Baby alle Geräusche nur dumpf wahrnimmt.

Auf der zweiten Ebene, der Beziehungsebene, sind die wichtigsten Schlagworte Vertrauen, Geborgenheit und Sicherheit.

Sprechen Sie in Ihrer Wohlfühllage, wird diese bei Ihrem Gesprächspartner Akzeptanz, Respekt und Vertrauen in Ihre Person wecken. Die wichtigsten Signale dazu senden Sie durch Ihre warme und volle Stimme in Ihrer Wohlfühllage aus.

Auf der dritten Ebene, der sachlichen Ebene, geht es um Klarheit, Kompetenz, Glaubwürdigkeit und Überzeugungskraft.

Klarheit und Kompetenz spiegeln sich auch in Ihrer Stimme wider.

Zweifel und Unsicherheiten äußern sich in einer zaghaften und zittrigen Stimme und werden vom Gegenüber schnell enttarnt.

Ihre Glaubwürdigkeit wird sich auch in Ihrer Stimme wiederfinden. Stehen Sie zu dem, was Sie sagen, und glauben Sie an Ihre Kompetenz.

MENTALISTEN INSIDERINFO

Ich habe von meinem Sprechtrainer Arno Fischbacher eine unglaublich faszinierende Technik gelernt, um mit meiner Stimme im Raum noch präsenter zu sein.

Bevor Sie zu sprechen beginnen, schalten Sie Ihr ganz **persönliches Weitwinkelobjektiv** ein. Betrachten Sie im Raum nicht nur eine bestimmte Person, sondern versuchen Sie mit Ihrem Blick alle Personen zu erfassen und im Augenwinkel auch alle Details zu erkennen. Ganz wichtig: Tun Sie dies auch, während Sie sprechen. Ihre Stimme wird sich verändern und den Raum füllen.

Dein Wort ist meines Fußes Leuchte und ein Licht
auf meinem Wege.
Psalm 119, 10

Geheimnis: Tasten

Was ihr nicht tastet, steht euch meilenfern.
Johann Wolfgang von Goethe

Der Tastsinn

Der Tastsinn ist ein »verkanntes Genie« und der ursprünglichste aller Sinne. Bei der Entwicklung des Menschen als erster aller Sinne ausgebildet, ist er bereits in der achten Schwangerschaftswoche beim Fötus aktiv, der zu diesem Zeitpunkt erst 2,5 Zentimeter groß ist. Riechen, hören und schmecken kann ein Baby erst im letzten Drittel der Schwangerschaft und der Sehsinn wird erst nach der Geburt voll ausgebildet.

Da der Tastsinn in Zusammenhang mit Berührungen steht und Erotik und Sexualität damit verbunden sind, wurde der Tastsinn lange Zeit auch als »niedriger Sinn« bezeichnet und ignoriert. Auch heute noch hat der Tastsinn mit seinen Berührungsaspekten in den verschiedenen Kulturen einen unterschiedlichen Stellenwert.

In Asien beispielsweise wird es nicht gern gesehen, wenn man sich in der Öffentlichkeit berührt. Auch Nordeuropa und Nordamerika gelten als eher berührungsarme Länder. In arabischen Ländern, im Mittelmeerraum und in Südamerika ist ein intensiver Körperkontakt ganz normal. Allerdings ist in arabischen Ländern Körperkontakt zwischen Mann und Frau in der Öffentlichkeit nicht gestattet.

Die Bedeutung des Tastsinns ist also auch durch kulturelle Hintergründe geprägt. Als »verkanntes Genie« kann er allerdings einiges mehr, als Sie sich vielleicht denken.

Verliebte Menschen berühren sich ständig am Körper, ertasten sich und nehmen sich in den Arm. Ein positiver Nebeneffekt der Berührungen ist die **Stimulation des Immunsystems**. Verliebte Menschen sind selten krank. Das Kuscheln, Schmusen und Streicheln stärkt das Immunsystem, stabilisiert die Verdauung und senkt den Blutdruck. Hier leistet der Tastsinn Unglaubliches. Er vermittelt Liebe und Geborgenheit und der Körper schüttet Glückshormone aus. Untersuchungen haben gezeigt, dass jedes Streicheln, jede Massage unseren Hormonhaushalt beeinflusst. Fast jede Berührung wirkt sich positiv auf unseren Körper aus.

Wer tastet, der fühlet!

Der Tastsinn befindet sich in der Haut, die als größtes menschliches Organ bei einem erwachsenen Menschen ungefähr zwei Quadratmeter umfasst. Die wichtigsten Aufgaben des Tastsinns sind das Empfinden von Druck und Druckänderungen, das Empfinden von Kälte und Wärme und Schmerz. Damit wir all diese Dinge spüren können, stecken in der Haut verschiedene Rezeptoren, die die Empfindungen an das Gehirn weiterleiten.

Der Temperatursinn

Der Temperatursinn hat zwei wesentliche Aufgaben: Zum einen ist er dafür zuständig, dass wir die Temperatur von Gegenständen und der Umgebung erkennen, sobald eine Berührung mit der Haut entsteht. Zum anderen regelt er die innere Körpertemperatur in Abhängigkeit von der Außentemperatur.

Die Kaltrezeptoren reagieren auf Hauttemperaturen unter 36 Grad Celsius. Warmrezeptoren sprechen bei rund 35 Grad Hauttemperatur an. Bei 20 bis 40 Grad kommt es recht schnell zu einer Temperaturgewöhnung, weshalb sich beispielsweise 38 Grad warmes Badewasser zuerst sehr heiß anfühlt, nach einiger Zeit jedoch als angenehm empfunden wird. Das zeigt, dass der Temperatursinn hauptsächlich Temperaturänderungen vermittelt.

Ob man Temperaturen als warm oder kalt empfindet, ist individuell verschieden. Bei der Temperaturempfindung spielen drei Faktoren eine wichtige Rolle: die Ausgangstemperatur der Haut, die Geschwindigkeit der Temperaturänderung und die Größe der Hautfläche, die betroffen ist.
Denken Sie doch einmal an einen heißen Sommertag. An so einem Tag wird eine 30 Grad heiße Dusche nicht das Richtige sein, Sie werden sie als viel zu warm empfinden. Im Winter hingegen werden Sie dieselbe Temperatur wohl als zu kalt empfinden.
Die Temperaturempfindung ist also relativ und abhängig von der Ausgangstemperatur. Temperaturunterschiede werden umso intensiver

empfunden, je schneller sie vor sich gehen. Sitzt man beispielsweise gemütlich zusammen und die Heizung geht aus, wird man erst später zu frieren beginnen, da sich der Körper an den Temperaturabfall langsam gewöhnt. Tritt man jedoch aus einem beheizten Raum nach draußen, wird einem viel schneller kalt, weil der Temperaturunterschied sehr hoch ist.

Die Temperaturempfindung hängt auch damit zusammen, wie groß die Hautfläche ist, die betroffen ist. Hält man nur einen Finger in eine Schüssel mit eiskaltem Wasser, ist das Kälteempfinden geringer, als wenn man die ganze Hand in die Schüssel hält.

Wird die Temperatur besonders tief oder besonders hoch, schlagen die Schmerzrezeptoren Alarm; diese signalisieren dem Gehirn Schmerz und warnen so vor einer möglichen Verletzung.

Die Magie des Händedrucks

Unsere Hand ist ein biologisches Wunder, denn fast 4000 Informationsträger befinden sich auf unseren Fingerkuppen und ein Drittel der Großhirnrinde steuert und leitet die Hände.

In der oberen Hautschicht befinden sich kleine Tastscheiben, die mit einer leitenden Nervenfaser verbunden sind. Auf diese Weise werden Stärke und Geschwindigkeit des Drucks übermittelt. Je größer der Druck, desto intensiver spürt man ihn an einer bestimmten Stelle der Haut. Darüber hinaus können wir die Druckstelle sehr genau lokalisieren. Bei konstantem Druck nimmt der Reiz nach einiger Zeit ab und man gewöhnt sich daran.

Die Fingerspitzen sind besonders druckempfindlich. Mithilfe der Druckrezeptoren lassen sich Form und Härte eines Gegenstands feststellen, wobei die Reizstärke bei einem harten Gegenstand größer ist als bei einem weichen.

Der Tastsinn unterstützt einen Mentalisten insofern, als er durch die Analyse des Händedrucks viele Informationen über sein Gegenüber erhält.

In Europa ist der Händedruck als Begrüßungsritual weit verbreitet. In der Regel wird dafür die rechte Hand verwendet. Der Grund dafür ist historisch bedingt. Da die meisten Menschen Rechtshänder sind, wollte man mit dem Händedruck beweisen, dass man keine Waffe in der Hand hält. Versuchen Sie doch mal, sich mit der linken Hand zu begrüßen. Wahrscheinlich wird es sich ein wenig ungewohnt anfühlen, der Griff jedoch ist der gleiche.

Der schlaffe Händedruck

Ein schlaffer Händedruck vermittelt einen unsicheren und hilflosen Eindruck. Besonders bei Männern ruft ein schlaffer Händedruck negative Assoziationen hervor. Auch Desinteresse, Schüchternheit und fehlendes Durchsetzungsvermögen können über einen schwachen Händedruck vermittelt werden. Psychologen sind sogar der Überzeugung, der schlaffe Händedruck sei typisch für Pessimisten. In der Berufswelt ist er der absolute Karrierekiller.

Der feste Händedruck

Ein fester Händedruck ist ein Zeichen für einen durchsetzungsstarken Menschen, der einen eigenen Willen hat, selbstbewusst und offen ist. Viele Menschen verbinden einen festen Händedruck auch mit der Eigenschaft »kompetent«. Allerdings sollte man darauf achten, dass der Händedruck nicht zu fest ist, sodass beim Gegenüber nicht das Gefühl entsteht, dass ihm die Hand gebrochen wird. Frauen mit festem Händedruck gelten als stark und intellektuell. Männer mit festem Händedruck sind laut einer amerikanischen Studie sexuell aktiver und setzen ihre Ideen aggressiver um.

Der feuchte Händedruck

Ein feuchter Händedruck wird als unangenehm empfunden, man verbindet damit Menschen, die wenig Selbstbewusstsein haben und deren Tatendrang eher gering ist. Angst, Unsicherheit, Anspannung und Nervosität sind häufig die Gründe für feuchte Hände. Wenn Sie zu feuchten Händen neigen, sollten Sie sich mental auf die Begrüßung vorbereiten. Autogenes Training oder Meditation sind bewährte Methoden zur Verringerung der inneren Anspannung.

Kulturelle Missverständnisse

Im deutschsprachigen Raum wird das Händeschütteln sehr intensiv betrieben. Man schüttelt Hände mit Unbekannten und Bekannten, vor und nach Geschäftssitzungen und auch innerhalb der Familie. Andere Kulturen gehen mit diesem Ritual weitaus sparsamer um. Amerikaner erkennen oft das System nicht, nach dem man sich in Europa die Hände schüttelt. Für sie ist es zusätzlich verwirrend, da deutschsprachige Europäer auch noch leicht mit dem Kopf nicken und sich ein wenig nach vorne beugen, wohingegen Amerikaner sich beim Händeschütteln mit geradem Kopf und geradem Oberkörper begegnen. Auch in arabischen Ländern gilt das Händeschütteln als wichtiges Zeremoniell, das oft wiederholt wird und länger andauert. In Japan wiederum verbeugt man sich zur Begrüßung, das Händeschütteln ist dort nicht verbreitet.

In meinem 30-Sekunden-Check spielt auch der Tastsinn eine spezielle Rolle: bei der Kontaktaufnahme mit einem fremden Menschen, bei der ersten Berührung der Hände. Wie zuvor erwähnt, erlaubt der Händedruck erste Rückschlüsse auf den Charakter. Diese Rückschlüsse sind keine »Weisheiten«, die immer gelten, sondern erste Hinweise, die eine Weiterverarbeitung der Informationen in eine bestimmte Richtung vorgeben.

Darüber hinaus gibt es noch geheimere Interpretationen bezüglich der Beschaffenheit einer Hand. Wenn Sie einem Menschen die Hand geben, können Sie diesen Moment nützen, um die Hand abzutasten und die Beschaffenheit der Finger und der Handfläche zu erfühlen. Zusätzlich nützen Sie Ihren Sehsinn, um die Hände auch optisch einschätzen zu können. Testen Sie dann in der Gesprächssituation, ob die folgenden Eigenschaften auch wirklich zutreffen. Stimmt ein Charakterzug, dann ist es wahrscheinlich, dass auch andere auf diese Person zutreffen.

Die aggressive Hand

Wenn Sie eine grobe, harte Hand mit einem breiten, schweren und dicken Handteller und kurzen Fingern ertasten, kann dieser Mensch folgende Charaktereigenschaften aufweisen: Gleichgültigkeit, Aggressivität in unangenehmen Situationen, leicht provozierbar, wenig Vorstellungskraft.

Die ehrliche Hand

Ertasten Sie eine Hand, die eine quadratähnliche Handfläche hat und einen großen Daumen, sind folgende Charaktereigenschaften nicht selten: zuverlässig, friedlich, ordentlich, systematische Arbeitsweise, häuslich, ehrlich.

Die kreative Hand

Ertasten Sie beim Händeschütteln eine große Handfläche, feine dünne Finger, einen übergroßen Daumen und konische bis ovale Fingernägel, können Sie dies folgendermaßen interpretieren: Die Person ist möglicherweise kreativ, ungeduldig, labil, bequem, großzügig und verständnisvoll, kommunikativ, intelligent, gefühlsorientiert.

Die spirituelle Hand

Diese Hand hat sehr feine Finger, die Handfläche ist mittelgroß, die Hand selbst ist klein und eher schmal und der Daumen ist klein und elegant. Folgende Charaktereigenschaften kann man ableiten: ausdauernd, chaotisch, idealistisch, religiös, besitzt starke Intuition und Empathie sowie hellseherische Fähigkeiten.

Tasten liegt im Trend

Dass eine Berührung zu mehr Trinkgeld verhelfen kann, fand man bei Versuchen in den USA heraus. Dabei wurde festgestellt, dass Kellner und Kellnerinnen um mindestens 18 Prozent mehr Trinkgeld bekamen, wenn sie die Gäste kurz an der Schulter berührten. Wurde die Handfläche des Gastes, beispielsweise bei der Rückgabe des Trinkgeldes berührt, so erhöhte sich das Trinkgeld sogar auf 37 Prozent.

Der Tastsinn hat auch eine Auswirkung auf das Wohlbefinden des Menschen. Am gegenwärtigen Wellnesstrend ist zu erkennen, dass Berührungen eine große Bedeutung haben und dass dem Tastsinn aus diesem Grunde mehr Achtung geschenkt werden sollte. Unbestritten sind körperliche Berührungen für das Wohlbefinden des Menschen wichtig. Der Psychologe Charles Spence spricht von einer »berührungshungrigen Generation«, die sich aufgrund fehlender taktiler und haptischer Erfahrungen sowie einer künstlichen Umwelt in den letzten Jahren entwickelt hat. Deshalb sind körperliche Berührungen durch Massagen und Körpertherapien sehr gefragt und tragen zu einem größeren Wohlbefinden bei.

ÜBUNG

Berührungen interpretieren

Für diese Übung benötigen Sie einen Übungspartner. Das Ziel der Übung ist festzustellen, inwiefern man Berührungen interpretieren kann. Drehen Sie sich mit dem Rücken zu Ihrem Übungspartner und bitten Sie ihn, ein Symbol auf Ihren Rücken zu malen. Ihre Aufgabe ist es, herauszufinden, um welches Symbol es sich handelt.

Variieren Sie diese Übung, indem Sie verschiedene Symbole verwenden und auch die Größe der Symbole ändern. Was fällt Ihnen auf? Ist das Symbol schwieriger zu erkennen, wenn es kleiner ist, oder macht die Größe keinen Unterschied?

Fällt Ihnen diese Übung leicht, so versuchen Sie doch mal Wörter, die auf ihren Rücken geschrieben werden, zu erkennen!

Wechseln Sie auch die Rollen!

Verlust des Tastsinns

Dem Tastsinn wird in der Regel keine große Bedeutung zugeschrieben. Muss man sich voll und ganz auf ihn verlassen können oder ist er nicht mehr so stark, beginnt sich der Tagesablauf schwieriger zu gestalten. So verringert sich der Tastsinn im Alter um bis zu 40 Prozent. Das bedeutet, dass alltägliche Tätigkeiten wie eine Knopfleiste schließen oder einen Schlüssel ins Schlüsselloch stecken wesentlich schwerer fallen. Auch Unsicherheiten beim Greifen oder Halten von Gegenständen treten vermehrt auf.

> *Ich bin es wirklich. Hier, fasst mich an und überzeugt euch,*
> *dass ich kein Geist bin.*
> Lukas 24,39

Tastsinn bei blinden Menschen

In der ORF-Show »Manuel Horeth – der Mentalist« habe ich ein Experiment mit einem blinden Mann gezeigt. Sein Name ist Manfred Gschlad, er kommt aus Wiener Neustadt, ist seit zwei Jahren zu 100 Prozent blind und hat die Gabe, dass er die Farbe Rot fühlen kann.

In der TV-Show hatte er mehrere geschlossene kleine Kästchen vor sich. In nur einem der Kästchen befand sich ein rotes Herz. Manfred wusste aufgrund seiner Intuition, wo genau sich dieses rote Herz befand.

In diesem Experiment hat er gezeigt, dass blinde Menschen aufgrund des Verlustes des Sehsinns ihre anderen Sinne so stark schärfen können, dass sie zu Unglaublichem fähig sind. Da der Tastsinn für Menschen ohne Augenlicht ein extrem wichtiger und stark ausgeprägter Sinn ist, habe ich Manfred Gschlad für dieses Buch zum Interview gebeten.

Manuel Horeth:
Manfred, wie hat sich der Tastsinn, als Sie das Augenlicht verloren haben, verändert?

Manfred Gschlad:
Intensität und Stärke des Tastsinns haben sich verändert und gesteigert. Vor allem habe ich bemerkt, dass man vorher weniger auf gewisse Dinge achtet und nicht bewusst wahrnimmt.

Der Tastsinn wird in verschiedenen Formen eingesetzt, ich fühlte mich am Anfang in gewisse Dinge wie zum Beispiel Gewürze ein und lernte so alltägliche Gegenstände in meiner neuen Lebensweise kennen. Es ist am Anfang wie ein Ratespiel. Man nimmt alles Mögliche in die Hand und rät, was es sein könnte. Ich bin zwar schon 50 Jahre alt, aber ich habe zum Beispiel versucht, den Inhalt von Kinderüberraschungseiern zusammenzubauen. So habe ich die Feinfühligkeit meiner Finger trainiert. Ausdauer und Ruhe sind in diesen Dingen sehr wichtig. Man darf sich nicht ärgern, wenn etwas nicht sofort funktioniert. Ruhe bewahren!

Früher hat man hingesehen und sich nichts dabei gedacht, wenn man etwas angegriffen hat. Nachdem ich zu 100 Prozent erblindet war, habe ich wochenlang gefühlt und probiert. Am Anfang weiß man gar nicht, was das sein kann, weil der eigene Gedankengang plötzlich ganz anders ist. Früher ging es vom Auge zum Gehirn, jetzt geht es von der Hand zum Gehirn.

Manuel Horeth:
Wie wichtig ist der Tastsinn wirklich für Ihr Leben?

Manfred Gschlad:
Sehr, sehr wichtig! Er ersetzt in einigen Fällen die anderen Sinne, im Besonderen den Sehsinn natürlich. Der Tastsinn ist extrem geschärft und man nimmt die Umgebung ganz anders wahr. Wenn ich einen Gegenstand suche, aber etwas anderes finde, dann frage ich mich, was das sein könnte. Dann wird es so lange, bis ich es erkenne, abgetastet.
Das Abtasten ist eines der wichtigsten Dinge in meinem Tagesablauf. Zum Lesen der Blindenschrift braucht man den Tastsinn beispielsweise besonders häufig, da diese ja nur mit den Fingerspitzen ertastet wird. Im Freien muss ich mir mit einem Stock behelfen und ertasten, wo ich mich hinbewege. Allein im Straßenverkehr stehen so viele unterschiedliche Dinge auf den Gehsteigen – das bemerkt man aber nicht, wenn man sie sieht.

Manuel Horeth:
Wie kann man sich erklären, was mit der Sensibilität Ihrer Finger passiert ist?

Manfred Gschlad:
Es ist alles feiner und empfindlicher geworden. Der Lottoschein zum Beispiel hat zwei verschiedene Papierseiten. Früher hab ich das nie bemerkt, aber jetzt kann ich es spüren, es ist einfach ein kleiner Unterschied am Papier zu bemerken. Man konzentriert sich sozusagen viel mehr auf das Tasten und nimmt somit auch mehr Dinge wahr, als wenn man sehen würde. Wenn jemand ein sehr guter Skifahrer ist, dann ist eine Piste mit Hügeln kein Problem. Als ungeübter Skifahrer werde ich mit derselben Piste nicht zurechtkommen.

Ich habe auch erst mit der Zeit gelernt, mit meiner eigenen Piste zurechtzukommen.

Manuel Horeth:
Hat sich das Schärfen des Tastsinns von selbst reguliert?

Manfred Gschlad:
Ja, er stellt sich von selbst ein und wird aktiviert. Früher habe ich unbewusst getastet, jetzt mache ich es bewusst. Dadurch wird auch die Feinfühligkeit von selbst schärfer. Langsam lernt man jeden Tag dazu. Wie soll ich sagen, es ist genauso, wenn ich spazieren gehe, am Anfang lief ich überall an, jetzt laufe ich nirgends mehr an, es ist alles eine Übungssache und alles auch Intuition. Der Tastsinn ist ein langwieriger Lernprozess.
Auf der Straße habe ich meinen übernatürlichen Tastsinn entdeckt und einen 6. Sinn entwickelt. Bei Verkehrszeichensäulen spüre ich beispielsweise manchmal, dass vor mir so eine Säule steht, ohne sie mit dem Stock ertastet zu haben.

Manuel Horeth:
Vielen Dank für das Gespräch.

Einen Ausschnitt aus meiner Sendung finden Sie auf meiner Webseite www.manuelhoreth.at.

MENTAL ÜBUNG LISTEN

Damit Sie Ihre eigene Welt neu und intensiver erleben und sich des Tastsinns bewusst werden, veranstalten Sie doch mit Freunden ein **Essen im Dunkeln**. Verbinden Sie sich die Augen und versuchen Sie eine Stunde lang, an einem reichlich gedeckten Tisch zu essen und zu trinken.
Tasten Sie sich an die Gerichte heran, versuchen Sie nur anhand des Tastsinns herauszufinden, was Sie gerade vor sich haben.
Beschreiben Sie in Worten, was Sie fühlen, und erleben Sie Dinge, die Sie jeden Tag sehen, in einem neuen, intensiveren symbolischen Licht.

Das Gefühl, das Sie hier beim Tasten haben, die sensiblen Eindrücke, die Sie gewinnen, und dieses symbolische Licht, das Sie spüren, sollten Sie behalten.

Tipp: In vielen Städten werden bereits sogenannte »Dinner in the Dark« angeboten, die ein außergewöhnliches Erlebnis garantieren und Sie um eine Erfahrung reicher machen.

Die Macht der Berührung

Mentalisten machen es vor! Mit nur einer einzigen kleinen Berührung bringen sie Menschen dazu, sich auf verschiedene Situationen einzulassen. Eine Berührung und die Person entwickelt ein bestimmtes Gefühl, hört oder sieht Dinge. Was wie ein Wunder klingt, kann unter anderem durch die Technik des Ankersetzens erreicht werden. Einen Anker zu setzen bedeutet, dass man einen Teil der Sinneskanäle, also zum Beispiel ein Gefühl, ein Geräusch oder einen Geruch, so mit einer Berührung verbindet, dass das gewählte Gefühl, das Geräusch oder ein Geruch sofort wieder »lebendig« erscheint.
Das Phänomen stammt aus der Psychologie, entwickelte sich aus der klassischen Konditionierung und der Entdecker, Iwan Pawlow, wurde 1904 für die Beschreibung des Phänomens mit dem Nobelpreis ausgezeichnet. Sicher haben viele von Ihnen bereits vom Pawlow'schen Hund gehört, der, sobald er eine Glocke hört, zu sabbern anfängt. Pawlow erreichte dieses Verhalten, indem er jedes Mal, wenn der Hund sein Fressen bekam, eine Glocke läutete. Nach einiger Zeit wies der Hund einen erhöhten Speichelfluss auf, sobald er die Glocke hörte. In diesem Beispiel ist die Glocke der Anker, der eine bestimmte Reaktion, also den erhöhten Speichelfluss, auslöst.

Eine andere Art des Ankers kann eine Berührung am eigenen Körper sein, zum Beispiel der Druck auf die Handinnenfläche. Durch den Druck kann man ein gewünschtes Gefühl abrufen. Benötigen Sie in gewissen Situationen eine Unterstützung durch ein Gefühl, können Sie dies durch das Setzen des Ankers bewerkstelligen. Überlegen Sie, ob es Situationen in Ihrem Leben gibt, in denen es hilfreich wäre, auf ein Gefühl zurückgreifen zu können. Beispiele sind ein selbstbewusstes Gefühl, bevor Sie in Besprechungen müssen, oder ein Punkt, den Sie in angespannten Situationen drücken, um ruhig zu werden.

Geheimnis »Anker setzen«

1. Anker festlegen

Der Anker funktioniert am besten an Stellen Ihres Körpers, die Sie selbst einfach und unauffällig berühren können. In diesem Fall bieten sich die Hände, Schulter oder die Oberarme an. Besonders wichtig ist, dass Sie einen Berührungspunkt oder eine Bewegung auswählen, mit der Sie nichts verbinden. Drehen Sie beispielsweise jedes Mal, wenn Sie nervös sind, an Ihrem Ring, so ist diese Bewegung kein geeigneter Ankerpunkt. Merken Sie sich diesen Punkt oder diese Bewegung für später, es ist Ihr Ankerpunkt, Ihre Ankerbewegung.

2. Entspannter Zustand

Bevor Sie mit dem Setzen eines Ankers beginnen, sollten Sie sich in einen entspannten Zustand bringen. Setzen Sie sich hin, atmen Sie tief ein und aus und lassen Sie sich in der Kraft des Momentes fallen. Vielleicht haben Sie Ihre ganz persönliche Entspannungstechnik, dann wenden Sie diese an.

3. Situation visualisieren

Im zweiten Schritt versuchen Sie Ihre Wunschsituation zu visualisieren, eine Situation, in der Sie im Moment gerne wären. Schließen Sie die Augen und versetzen Sie sich in Ihre Traum-Situation. Stellen Sie sich vor, wie es für Sie ist, genau in dieser Situation zu sein. Beantworten Sie für sich folgenden Fragen:

Wie fühlen Sie sich?
Was empfinden Sie?
Was sehen Sie?
Hören Sie etwas Besonderes?
Nehmen Sie einen Geruch wahr?

4. Anker setzen

Sobald Sie diese Situation besonders intensiv erleben, verknüpfen Sie sie mit einem Reiz. Dafür drücken Sie Ihren Ankerpunkt oder vollführen Ihre Ankerbewegung.

5. Wiederholung

Wiederholen Sie diesen Prozess am besten ein bis zwei Mal. Das Ankern ist eine sehr wirkungsvolle Methode, sollte jedoch oft geübt werden.

Haben Sie den Anker in der richtigen Situation gesetzt und den Prozess richtig durchgeführt, sollte ab nun jedes Mal, wenn Sie Ihre Bewegung ausführen oder einen bestimmten Punkt berühren, dieses Gefühl ausgelöst werden.

Mentalisten haben viele streng **geheime Techniken** im Repertoire, um unglaubliche Effekte und Ergebnisse in der Arbeit mit Menschen zu erzielen. Nicht einmal Zauberer kennen sämtliche Techniken von Mentalisten und stehen oft vor einem Rätsel, wenn es um das System dahinter geht.

Eines dieser Systeme ist das Ankern. Wie kann ich mit dem System des Ankerns jemanden beeinflussen, an einen bestimmten Vornamen, zum Beispiel Sabine, zu denken? Ich bitte die Person auf die Bühne, setze sie auf einen Stuhl und bitte sie, die Augen zu schließen. Dann nenne ich sechs verschiedene Vornamen und bitte die Person, sich diese Namen anzuhören: Gerhard, Andreas, Sabine, Katja, Thomas, Alina. In dem Moment, in dem ich Sabine sage, berühre ich die Person an der Schulter. Denselben Vorgang wiederhole ich zwei Mal.

Jetzt bitte ich die Person, an einen der sechs Namen zu denken und berühre sie gleichzeitig wieder an der Schulter. Die Versuchsperson wird jetzt höchstwahrscheinlich den Namen Sabine nennen.

Diese Technik funktioniert nicht immer, es hängt viel von der Vorführsituation ab, aber auch von der Konzentration des Zusehers und von seinem Wesen, also davon, ob er für Ankersysteme empfänglich ist oder nicht.

Die Macht der Selbstberührung

Der Wissenschaftler Martin Grunwald entdeckte bei einem Tastsinn-Experiment einen sehr spannenden und neuen Ansatz. Versuchspersonen waren an ein EEG angeschlossen und hatten die Aufgabe, verschiedene Muster zu ertasten und sich diese zu merken. Gleichzeitig versuchte man die Versuchspersonen durch störende Geräusche zu irritieren.
Der Stress nahm zu, da das Gehirn mit der Verarbeitung der störenden Geräusche beschäftigt war. Wenn sich die Versuchspersonen unbewusst ins Gesicht fassten oder mit den Händen durchs Haar fuhren, nahm der Stress messbar ab und die Konzentration erhöhte sich. Fazit: Eine kurze Selbstberührung in Stresssituationen wirkt positiv und beruhigend auf den Körper und stärkt die Konzentrationskraft.

Das Berühren eines Menschen entscheidet über Ja oder Nein!
Manuel Horeth

Den 6. Sinn berühren

Aufmerksame Fernsehzuseher werden bereits bemerkt haben, dass Mentalisten den Zuschauern oder Gästen manchmal auf die Stirn greifen. Diese Berührung wird immer dann angewandt, wenn es um eine Übertragung geht. Sie haben bestimmt schon einmal vom sogenannten »dritten Auge« gehört, das in fernöstlichen Religionen auch als hellsichtiges Organ betrachtet wird. Diesen Lehren zufolge befindet sich das »dritte Auge« mittig zwischen dem Haaransatz und den Augenbrauen und wird als Symbol der Erleuchtung verstanden. Der aufgemalte rote Punkt bei vielen indischen Frauen ist ein Zeichen für das »dritte Auge«.

Betrachtet man dieses Zeichen aus dem Blickwinkel der Chakrenlehre, so stellt das »dritte Auge« das energetische Zentrum dar. Als Chakren werden die Energiezentren des Menschen bezeichnet, die für verschiedene Bereiche im Körper zuständig sind. Viele physische und

psychische Leiden werden auf Blockaden in bestimmten Chakren zurückgeführt. Es gibt für deren Existenz keine wissenschaftlichen Belege, einem durchgehenden Energiefluss wird jedoch große Bedeutung beigemessen.

Die Hauptchakren sind verschiedenen Bereichen im Leben zugeordnet und werden durch verschiedene Farben repräsentiert. Ist ein Bereich im Ungleichgewicht, geht man davon aus, dass energetische Blockaden vorliegen. Nachstehend finden Sie die sieben Hauptchakren zusammengefasst:

Wurzelchakra

Dem Wurzelchakra werden unter anderem die Bereiche Lebenskraft, Sexualität, Urvertrauen und Durchsetzungskraft zugeschrieben und es befindet sich zwischen dem Anus und den Genitalien. Repräsentiert wird das erste Chakra durch die Farbe Rot. Treten energetische

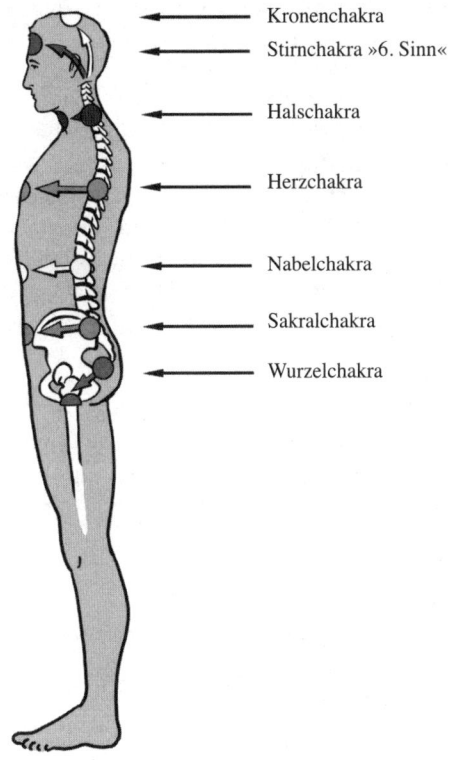

Kronenchakra

Stirnchakra »6. Sinn«

Halschakra

Herzchakra

Nabelchakra

Sakralchakra

Wurzelchakra

Störungen auf, zeigt sich dies beispielsweise in Form von Kreuzbeschwerden, Depressionen, Knochen- und Darmerkrankungen.

Sakralchakra

Das zweite Chakra wird auch als Sexualchakra bezeichnet, es befindet sich eine Handbreit unter dem Bauchnabel, wird durch die Farbe Orange repräsentiert und den Bereichen Kreativität, Sexualität und den Emotionen zugeordnet. Bei Störungen finden sich Krankheitsbilder, die vor allem damit in Zusammenhang stehen, dass man unfähig ist, das Leben zu genießen. Dazu gehören Probleme mit den

Geschlechtsorganen oder Stimmungsschwankungen, aber auch übermäßige Eifersucht und Motivationslosigkeit.

Nabelchakra

Das dritte Chakra wird auch als Solarplexus-Chakra bezeichnet und hat die Farbe Gelb. Der Sitz dieses Chakras ist etwa in Höhe des Magens und wird auch als der »Sitz der Persönlichkeit« bezeichnet. Selbstbewusstsein, Zielerreichung und die Integration von Erfahrung und Gefühl werden dem Nabelchakra zugeordnet. Kennzeichnend für Blockaden sind beispielsweise Ess-, Schlaf- und Verdauungsstörungen sowie Probleme mit der Leber, der Milz und der Gallenblase.

Herzchakra

Das vierte Chakra wird grün dargestellt, liegt auf der Höhe des Herzens und steht für die Liebe, das Einfühlungsvermögen und die Wahrnehmung der Schönheit. Bei Störungen und Blockaden kann es zu Problemen mit der Haut, zu Allergien und Durchblutungsstörungen kommen.

Halschakra

Das fünfte Chakra, auch als Kehlchakra bezeichnet, trägt die Farbe Blau und befindet sich auf Höhe des Kehlkopfes. Diesem Chakra werden unter anderem die Kommunikation, die Selbstbestimmung und die Musikalität zugeordnet. Probleme mit dem Hals, Zahnfleisch- und Kieferentzündungen weisen auf energetische Blockaden oder Störungen in diesem Bereich hin.

Stirnchakra

Das sechste ist das für den Mentalisten bedeutendste Chakra und trägt die Farbe Violett. Das Stirnchakra befindet sich zwischen den Augenbrauen und wird nicht umsonst als Sitz des 6. Sinns bezeichnet. Hier sitzen die Intuition und die Fähigkeit zur Visualisierung. Außerdem werden diesem Chakra die Bereiche Wahrnehmung, Fantasie und Vorstellungskraft zugeschrieben. Blockaden in diesem Chakra äußern sich unter anderem durch Kopfschmerzen, Augen- und Ohrenleiden sowie durch neurologische Erkrankungen. Psychisch zeigen sich bei Blockaden dieses Chakras übertriebene Ängste und Konzentrations- und Lernschwächen.

Kronenchakra

Das Kronenchakra ist das siebte Chakra und wird weiß oder auch goldfarben dargestellt. Es befindet sich einige Zentimeter über dem Scheitelpunkt des Kopfes und steht für Spiritualität und Vollendung. Blockaden äußern sich durch Immunschwächen, aber auch durch Depressionen, Ein- und Durchschlafstörungen sowie Realitätsflucht.

Als Mentalist bin ich kein Experte auf dem Gebiet der Chakren, aber ich habe immer wieder beobachtet, dass das Ertasten des Stirnchakras die Menschen in ihrer Intuition und in ihrer Denkweise für den natürlichen 6. Sinn öffnet. Für mich ist das ein Schritt zum Öffnen des »dritten Auges«, also unserer Seele und unseres Unterbewusstseins. Wenn man Menschen am Stirnchakra berührt, dann erlebe ich es besonders oft, dass sie mit den Augen nicht mehr blinzeln und einen starren Blick entwickeln. Kann das bedeuten, dass die organischen Augen an Kraft verlieren und sich das innere Auge öffnet? Es gibt dafür keinen Beweis, aber in vielen Situationen habe ich es erlebt, so auch mit meinem blinden Freund Manfred Gschlad.

Die Würde des Menschen ist unantastbar.
Grundgesetz der Bundesrepublik Deutschland Art. 1, Abs. 1

Geheimnis: Sehen

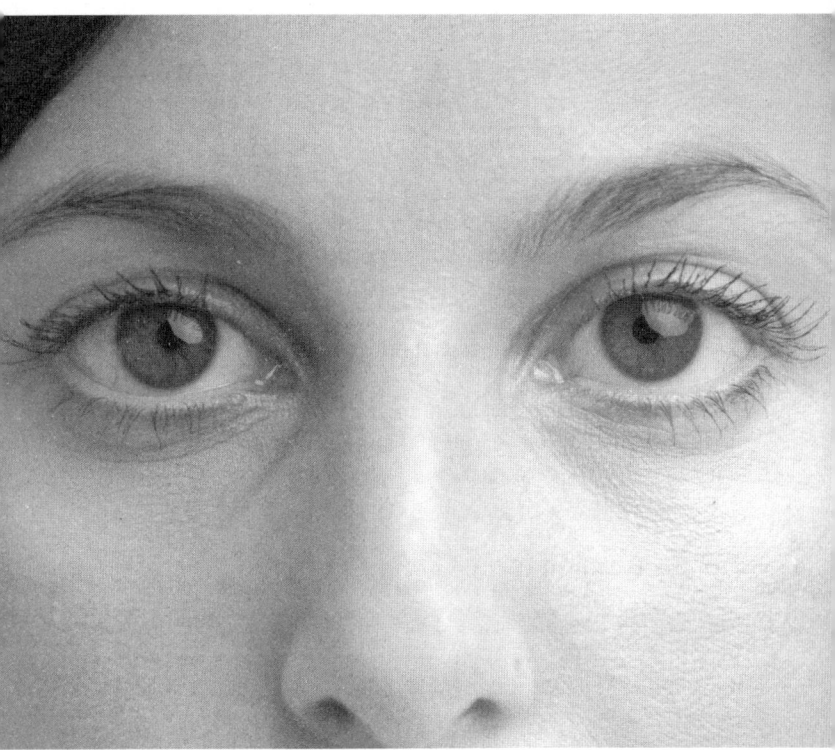

*Nicht was wir sehen, wohl aber wie wir sehen,
bestimmt den Wert des Geschehenen.*
Blaise Pascal

Die Geschichte vom Sehen

Der Meister war ein Mann der wenigen Worte, ein Mann, der jeden Tag seine Rituale pflegte und sein Wissen Schritt für Schritt an seine Schüler weitergab. Wissen vermitteln war aber für ihn nicht das Lehren von Erkenntnissen und historischen Ereignissen, Lehren bedeutete für den Meister, seine Schüler zum Beobachten zu erziehen und Fragen zu stellen.

Die Schüler hatten den Meister bereits eine Weile beobachtet und wollten nun von ihm wissen, welche Art der Meditation er denn jeden Morgen im Garten praktiziere.

Der Meister antwortete ihnen: »Wenn ich aufmerksam schaue, sehe ich den Rosenstrauch in voller Blüte.«

Darauf fragte einer der Schüler: »Aber warum muss man denn aufmerksam schauen, um den Rosenstrauch zu sehen? Die Blüten sind doch wirklich auffällig.«

Der Meister lächelte und sagte: »Damit man wirklich den Rosenstrauch sieht und nicht die eigene Vorstellung davon.«

Genau diese Botschaft ist das Geheimnis des Sehens. Lernen auch Sie wie ein Mentalist zu sehen und die Wahrheit hinter den Botschaften der Menschen zu erkennen.

Der Sehsinn oder die Gabe, zu sehen

Der Sehsinn oder die visuelle Wahrnehmung ist die Aufnahme und Verarbeitung von optischen Reizen: Informationen werden erkannt, nach Relevanz gefiltert und durch Erinnerung entsprechend interpretiert.

Unsere Augen sind hoch entwickelte Linsenaugen, wobei das Licht durch die durchlässige Hornhaut und durch die Pupille ins Auge gelangt.

Die Pupille ist die kreisförmige Öffnung der farbigen Iris, die mithilfe von Muskeln den Öffnungsgrad an die Lichtverhältnisse anpasst. Direkt hinter der Iris liegt die elastische Augenlinse, die das Licht bricht, das auf der Rückseite des Augapfels auf die Netzhaut trifft. Diese wandelt die Lichtsignale in Informationen um, die anschließend vom Sehnerv an das Gehirn geschickt werden. Erst dort wird es als Bild verarbeitet und mit Erfahrungen verglichen und interpretiert.

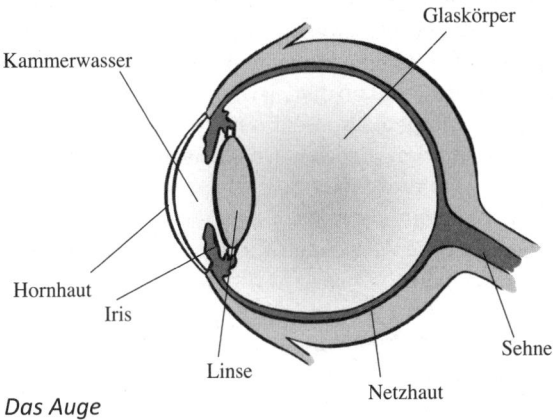

Das Auge

Der Sehsinn ist der informativste Sinn und liefert uns bis zu 80 Prozent der Informationen zu unserer Umwelt.

Die Augen übernehmen viele nützliche und wichtige Aufgaben. Als Alarmanlage warnen Sie uns vor Gefahren im Alltag und lassen Hindernisse klarer erkennen. Als Scanner reagieren sie blitzschnell auf Bewegungen und wir erkennen unterschiedlichste Farben, Formen und Entfernungen. Als Beobachtungsinstrument sind sie unerlässlich für zwischenmenschliche Beziehungen, um Reaktionen und Stimmungen erkennen zu können. Nicht ohne Grund besitzen bereits Babys großes Interesse an Gesichtern.

Das Geheimnis der Zahnbürsten

»Ich glaube nur an das, was ich sehe« – eine alte und doch sehr häufig gehörte Einstellung. Doch was bedeutet es, zu sehen, und sehen wir alle das Gleiche? Unser Gehirn nimmt in jeder Sekunde unermesslich viele Eindrücke auf, aber die Verarbeitung und damit das, was wir bewusst wahrnehmen, ist unterschiedlich. In einer Folge der TV-Show »Manuel Horeth – der Mentalist« zeichnete die überwiegende Mehrheit der Zuschauer auf die Aufforderung, »irgendetwas« zu zeichnen, Zahnbürsten. Warum das so ist, wurde in der Sendung erklärt. Vor der Sendung wurden echte Zahnbürsten und Bilder von Zahnbürsten im Zuschauerraum platziert, die von den meisten Besuchern nicht bewusst wahrgenommen wurden. Das Gehirn hatte diese jedoch sehr wohl bemerkt. Auf die Aufforderung, einen beliebigen Gegenstand zu zeichnen, zeichneten viele Gäste Zahnbürsten, obwohl sie bestätigten, dass sie die Zahnbürsten-Bilder nicht bewusst wahrgenommen hatten. Auf meiner Webseite www.manuelhoreth.at können Sie sich ein Video der Show ansehen.

Das Gehirn selektiert nicht nur Informationen, es kann auch den Menschen und seinen Sehsinn täuschen.

Welche Kugel in der Mitte ist größer?

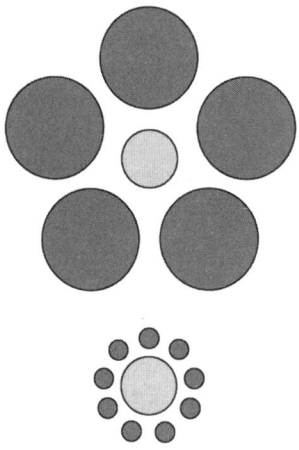

Welche Mittellinie ist länger?

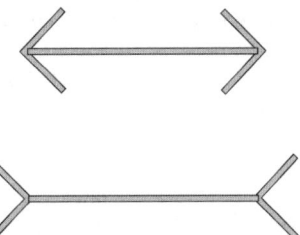

Sowohl die beiden Kreise als auch die beiden Linien sind exakt gleich groß bzw. lang. Man sieht also, die Augen können einem auch einen Streich spielen. Versuchen Sie im Bildteil auf Seite 112 die Übung mit den verschiedenen Farben und lassen Sie sich überraschen.

Gar nicht so einfach, oder? Die rechte Gehirnhälfte versucht die Farbe zu benennen, die linke versucht das Wort zu lesen. Wir haben es hier mit einem kleinen Kampf der beiden Gehirnhälften zu tun.

Das Gehirn kann man trainieren, genauso wie man auch die Wahrnehmung schärfen kann. Versuchen Sie die nächste Übung und lassen Sie sich nicht täuschen, der Lösungsweg mag ganz anders sein, als Sie gewohnt sind, zu denken!

Wie lösen Sie dieses Problem?

Der Hund besteht aus insgesamt neun Streichhölzern und blickt nach rechts. Ihre Aufgabe ist es nun, zwei Streichhölzer so umzulegen, dass der Hund nach links blickt.

Auf der nächsten Seite finden Sie die Lösung!

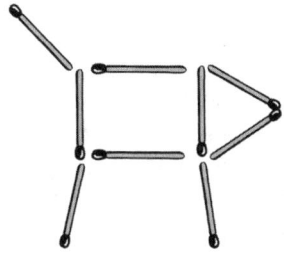

89

Lösung

Die beiden Streichhölzer der Schnauze werden nach innen geklappt, so sieht der Hund nach links.

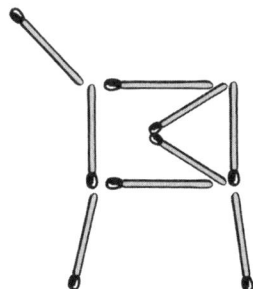

Mentalisten arbeiten unter anderem nach dem Motto: »Ungewöhnliche Situationen erfordern ungewöhnliche Lösungen.« Genau das ist es, was einen Mentalisten ausmacht. Er sieht mehr als alle anderen, weil er genau weiß, worauf er achten muss.

Jeder Mensch nimmt mit seinem Sehsinn etwas anderes wahr. Was man sieht, hängt unter anderem davon ab, worauf man seine Aufmerksamkeit lenkt. Wie Sie im Kapitel »Hören« bereits gelesen haben, liegt das Geheimnis des Mentalisten in der Kunst, genau zuzuhören. Beim Sehen verhält es sich genauso.
Wenn man weiß, worauf man achten soll, kann man seinen Sehsinn ganz einfach schärfen und entwickeln und damit sogar Lügner entlarven. Besonders wichtig ist, dass man genau hinsieht und beobachtet.

Wenn Sie die folgenden Geheimnisse gelesen und trainiert haben, werden Sie Ihre Mitmenschen anders betrachten und fähig sein, hinter die Fassade zu blicken.

> *Durch den Verstand werden die Vorstellungen*
> *zur Einheit verknüpft.*
> *Immanuel Kant*

Als Kind schon hat mein Traum begonnen, in den Kopf der anderen Menschen blicken zu können, zu wissen, was sie denken, glauben und fühlen. Mein Wunsch war so stark, dass ich begonnen habe, mich mit diesem spannenden Thema intensiver zu beschäftigen. Nach einer langjährigen Entdeckungsreise durch Themen wie Hypnose, Astralreisen, 6. Sinn und übernatürliche Erklärungen ist mir immer mehr bewusst geworden, dass das wahre Geheimnis wohl in der Psychologie, dem Phänomen der Körpersprache und deren Interpretation liegt.

In diesem Kapitel finden Sie einige grundlegende Punkte, die ich als Voraussetzung für die Fähigkeit sehe, Gedanken und Gefühle in anderen Menschen zu erkennen. Ich möchte Sie motivieren, diese Basisinformationen zu nutzen und an dem zu arbeiten, was sie nicht lernen können: an Ihrer Erfahrung!

»Vision« kommt aus dem Lateinischen und bedeutet »das Sehen«, »Anblick«, »Erscheinung«. Für die Fähigkeiten von uns Mentalisten hat das Sehen eine tiefere Bedeutung. Sehen steht hier für Beobachtung, Interpretation, Vergleich, Analyse, um daraus eine Vision zu bilden. Ich wünsche Ihnen, dass Sie diese Vision im Hinblick auf andere Menschen entwickeln.

Die Augen als Spiegel der Seele

Mentalisten lesen in den Augen der Menschen, und genau das werden auch Sie in diesem Abschnitt lernen. Wenn Sie dieses Geheimnis verstanden und geübt haben, werden Sie auch verstehen, wie wertvoll es ist, um Lügen zu erkennen.

Bestimmte Vorgänge des Gehirns lassen sich an den Augen ablesen. Die Blickrichtung des Menschen sagt viel darüber aus, auf welcher Wahrnehmungsebene er sich soeben befindet. Im Sinnesabschnitt »Hören« haben Sie bereits gelesen, dass es verschiedene Wahrnehmungsebenen gibt. Je nachdem, in welche Richtung eine Person blickt, kann man davon ableiten, ob sie sich im Moment auf der visuellen, auditiven oder kinästhetischen Ebene befindet.

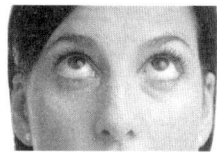
visuell (Bilder)

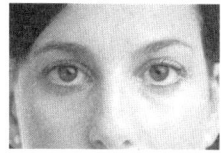
auditiv (Geräusche, Klänge, Wörter)

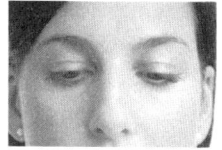
kinästhetisch (Gefühle)

Blickt eine Person bei der Beantwortung einer Frage beispielsweise nach oben, kann man daraus ablesen, dass sie sich innerlich ein Bild vorstellt. Blickt die Person geradeaus, deutet es darauf hin, dass sie Geräusche, Worte oder Klänge wahrnimmt. Geht der Blick nach unten, denkt sie gerade an ein Gefühl und spürt bestimmte Dinge. Das zu erkennen, ist relativ einfach.

Das ist aber noch nicht alles. Wahrnehmungen können entweder konstruiert oder erinnert werden. Je nachdem, in welche Richtung sich die Augen bewegen, kann man daraus ablesen, ob es sich um eine Aussage handelt, die konstruiert wurde, oder ob sie aus einer Erinnerung stammt.

Rechts   **Links**

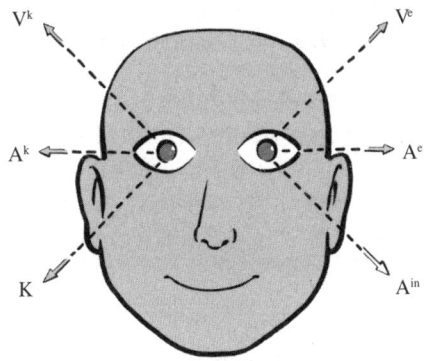

Vk	Visuell konstruiert
Ve	Visuell erinnert
Ak	Auditiv konstruiert
Ae	Auditiv erinnert
K	Kinästhetisch
Ain	Innerer Dialog

Sitzen Sie einer Person gegenüber und diese sieht von Ihnen aus gesehen nach links oben, handelt es sich um ein Bild, das die Person
gerade konstruiert hat. Wenn Sie für sich ein Bild konstruieren, befindet es sich aus Ihrer Sicht oben rechts. Zu beachten ist allerdings,
dass die Darstellung für einen Rechtshänder gilt. Handelt es sich um
einen Linkshänder, sind die Darstellungen seitenverkehrt. Auch wenn
man weiß, ob es sich beim Gesprächspartner um einen Rechts- oder
Linkshänder handelt, sollte man überprüfen, ob auch das Augenmuster übereinstimmt.

Mit dieser Übung können Sie erkennen, ob es sich um einen Rechts- oder Linkshänder handelt. Am einfachsten ist es, wenn Sie herauszufinden versuchen, auf welche Seite man sieht, wenn man sich an etwas erinnert.

Stellen Sie Ihrem Übungspartner die nachstehenden Fragen, die nur mithilfe der Erinnerung beantwortet werden können, und beobachten Sie, in welche Richtung sich der Blick verändert.

Entsprechen Ihre Beobachtungen der Darstellung, handelt es sich um einen Rechtshänder. Sollten Sie einen Linkshänder entdeckt haben, müssen Sie Ihre Beobachtungen seitenverkehrt deuten.

Fragen

Welche Schuhe hatten Sie gestern an?

Was gab es letzten Samstag zum Mittagessen?

Wie sah Ihre erste Schultasche aus?

Was ist Ihre allererste Erinnerung als Kind?

Welche Augenfarbe hat Ihre beste Freundin?

Welche Farbe haben die Sitze Ihres Autos?

Was hatten Sie vorgestern an?

Was war das schönste Geschenk, das Sie je bekommen haben?

Wie schon im Bild veranschaulicht, hat die jeweilige Blickrichtung eine bestimmte Bedeutung. Blickrichtungen nach links deuten darauf hin, dass es sich um ein konstruiertes Bild oder Geräusch handelt. Blickrichtungen nach rechts verraten, dass die Person ein Bild oder ein Geräusch aus der Erinnerung, aus dem Gedächtnis holt. Der Blick nach links unten verrät, dass die Person ausgehend von einem Gefühl an etwas denkt. Geht der Blick nach rechts unten, hält die Person einen inneren Dialog mit sich selbst. Beispielsweise wenn versucht wird, eine Situation abzuschätzen: »Soll ich das tun oder nicht? Wenn ich das mache, kann es sein, dass …« Oder man spricht mit sich selbst, indem man zu sich sagt: »Das ist doch ein Idiot, oder?«

Beobachten der Augenmuster

Stellen Sie Ihrem Übungspartner die folgenden Fragen. Beobachten Sie dabei genau, in welche Richtung sich die Augen bewegen, und vergessen Sie vorher nicht zu testen, ob es sich um einen Links- oder Rechtshänder handelt.

Visuell konstruiert
Wie würdest du mit langen grellgrünen Haaren aussehen?
Wie würde dein Schlafzimmer aussehen, wenn du das Bett auf die andere Seite stellen würdest?
Stell dir vor, du bist 123 Jahre alt. Wie würdest du aussehen?
Wie würdest du dich durch meine Augen sehen? Was würdest du alles sehen?

Visuell erinnert
Welche Farbe hatte dein erster Badeanzug/deine erste Badehose?
Welche Farbe ist bei Verkehrsampeln oben?
Wie sah deine Klasse aus, als du das erste Mal in der Schule warst?
Wie sah der erste Weihnachtsbaum aus, an den du dich erinnerst?

Auditiv konstruiert
Wie hört sich ein Specht an?
Wie würde sich deine Stimme unter Wasser anhören?
Stell dir vor, ein Flugzeug landet neben dir.
Wie hört sich die Stimme deiner Mutter an, wenn sie dich schimpft.

Auditiv erinnert
Wie hört sich dein Lieblingslied an?
Wie hört sich deine Türglocke an?
Welchen Ton hat dein Telefon, wenn Freunde anrufen?
Welchen Klang hatte die Stimme deines Lehrers, wenn er dich an die Tafel geholt hat?

Kinästhetische Vorstellung
Wie fühlt es sich an, glücklich zu sein?

Wie fühlt es sich an, in ein kaltes Schwimmbecken zu springen?
Wie fühlt es sich an, wenn man das erste Mal zu seinen Schwiegereltern geht?
Wie fühlt es sich an, den warmen Sandstrand entlangzugehen?

Innerer Dialog
Wie klingst du, wenn du mit dir selbst sprichst?
Was sagst du zu dir, wenn du besonders erfolgreich warst?
Sing doch mal innerlich dein Lieblingslied!
Woher kommt deine innere Stimme, wenn du mit dir selbst sprichst?

Achten Sie bei Gesprächen genau auf die Augenbewegungen, die Ihr Gesprächspartner macht, und versuchen Sie herauszufinden, ob die Bewegungen zu seinen Aussagen passen. In Kombination mit dem nächsten Geheimnis, der Interpretation der Körpersprache, werden Sie bald potenzielle Lügner entlarven. Achten sie jetzt schon darauf, ob Ihr Gegenüber auf Fragen mit den Augen etwas zu konstruieren versucht. Denn ehrliche Antworten müssen meist nicht konstruiert werden.

In meinen Shows ist es mir besonders wichtig, dem Publikum eine **positive Stimmung** zu vermitteln. Bei Experimenten auf der Bühne versuche ich den Teilnehmern positiv zu begegnen und ihnen die Angst vor Überraschungen zu nehmen.
Hier verwende ich bewusst eingesetzte Körpersprachsignale und Gesten, um unterbewusst meinem Gegenüber eine Grundstimmung zu vermitteln, die Vertrauen und Aufmerksamkeit bewirkt.
Lesen Sie auf den folgenden Seiten Details und interessante Entdeckungen zur Magie der Körpersprache und beobachten und analysieren Sie Ihre Mitmenschen in allen Situationen, um ein Meister des Sehens zu werden.

Die Magie der Körpersprache

Wann haben Sie das letzte Mal bewusst auf Ihre Körpersprache geachtet? Die meisten von Ihnen werden diese Frage wahrscheinlich schwer beantworten können. All jene, die diese Frage tatsächlich beantworten können, können sich selbst gratulieren. Sie sind, ohne es zu wissen, bereits auf dem besten Weg, ein Mentalist oder eine Mentalistin zu werden.

Sowohl die Muttersprache als auch verschiedene Fremdsprachen werden in der Schule mühsam erlernt. Eine Ausbildung zum Erlernen der Körpersprache wird jedoch selten angeboten und in Anspruch genommen.

Mentalisten wissen, dass man über die Körpersprache enorm viel über einen Menschen erfahren kann. Jeder spricht diese unbewusste Sprache, und auch wenn man mit Worten etwas anderes ausdrückt, an den körperlichen Signalen kann man erkennen, worum es wirklich geht, denn diese vermitteln Gefühle, Stimmungen, Gedanken und können auch Unwahrheiten erkennen lassen.

Der Mensch drückt mit seiner Körpersprache seine eigene Einstellung oder seine Konflikte aus und eine spezielle Instanz in uns weiß genau, wie man das Gefühlte durch den Körper nach außen bringt. Die Fähigkeit von Menschen, die Körpersprache zu deuten, macht es für den Empfänger der Nachricht leichter, auf das Gesagte des Senders einzugehen und das Gespräch in einer intensiveren Form weiterzuführen. Dadurch entstehen eine neue Qualität des Gesprächs und eine erfolgreiche Kommunikation. Die eigene Körpersprache und auch die der anderen zu verstehen sowie dieses Wissen gezielt einzusetzen, bringt Vorteile im beruflichen sowie im privaten Leben. Die Interpretation einer einzelnen Bewegung allerdings ist nicht aussagekräftig genug, man muss schon den ganzen Körper analysieren. Der ganze Körper spricht sozusagen in einer bestimmten Situation. Das Gesprochene ergibt zum Schluss in Kombination mit der Körpersprache eine Einheit, die wir subjektiv interpretieren und ein Bild daraus formen.

Es sei aber erwähnt, dass die Merkmale der Körpersprache von Kultur zu Kultur variieren. In diesem Zusammenhang ist interessant, dass zweisprachige Menschen, wenn sie von der einen in die andere Sprache wechseln, im gleichen Moment auch die Körpersprache, die Gesten und Bewegungen verändern.

Hinter jeder Bewegung steckt eine Bedeutung. Die Körperhaltung, die Art und Weise, wie jemand geht, steht und sitzt, lässt genauso Interpretationen zu wie auch die Handhaltung und selbstverständlich die Mimik.

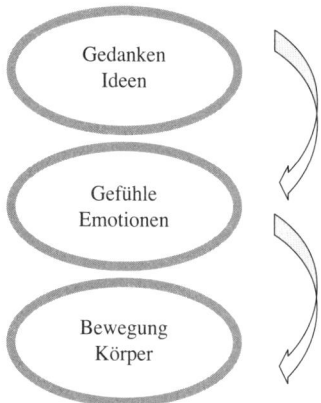

Wie diese Darstellung zeigt, wird jede Bewegung des Körpers durch einen Gedanken oder eine Idee ausgelöst. Durch den Gedanken oder die Idee entstehen bestimmte Gefühle und Emotionen, was dann wiederum eine Auswirkung auf die Bewegung des Körpers hat.

Somit verrät jede Bewegung etwas Spezielles über einen Menschen. Die Sprache, die Ausdrücke und Wörter, die man verwendet, kann man selbstverständlich steuern und auswählen und so die Dinge darstellen, wie man es selbst gerade will. Jede Bewegung zeigt jedoch, was der Mensch in diesem Moment wirklich denkt oder fühlt. Und dies kann sehr oft stark vom Gesagten abweichen.

Versuchen Sie doch einmal mit hängenden Schultern und leiser Stimme zu sagen: »Ich fühle mich großartig, es läuft alles wunderbar.«

Umgekehrt wird es sich für Sie genauso eigenartig anfühlen, wenn Sie mit aufrechtem Oberkörper, ausgestreckten Armen und einer lauten, selbstbewussten Stimme sagen: »Ich fühle mich schwach und hilflos!« Wahrscheinlich würde Ihnen niemand glauben und es für einen Scherz halten. Ob man eine Aussage für authentisch hält, hängt somit von der Aussage selbst *und* der dazu passenden Körpersprache ab.

Der Körper spricht seine ganz eigene Sprache. Dass man diese tatsächlich lesen kann, zeigt die folgende Übung. Anhand einfacher Zeichnungen von Gesichtszügen kann man auf die Emotionen von Menschen schließen.

Emotionen erkennen

Erkennen Sie, um welche Emotion es sich handelt? Ordnen Sie den Gesichtern die Emotionen zu.

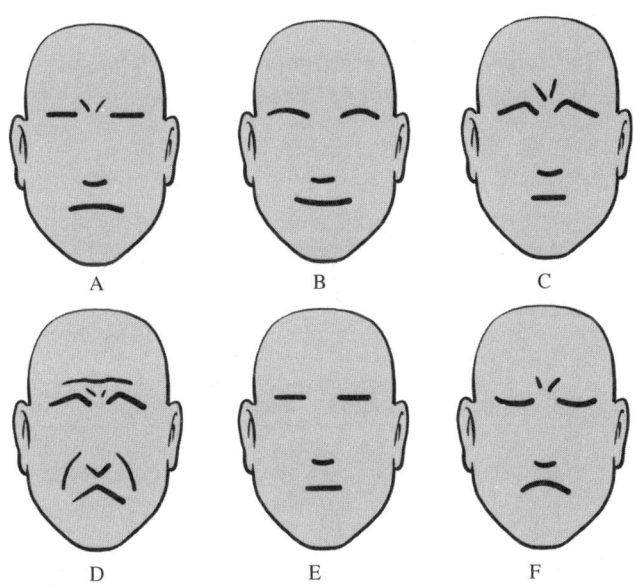

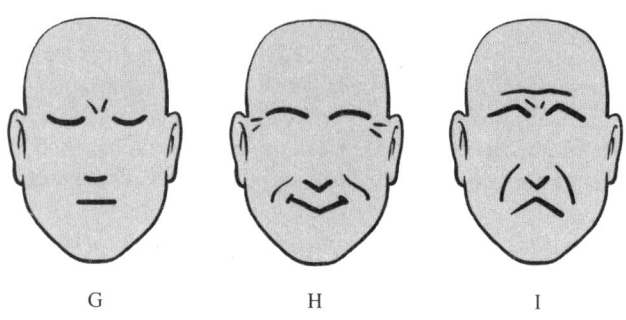

G	H	I

Emotion	Buchstabe	Emotion	Buchstabe	Emotion	Buchstabe
Weinen		Entspan-nung		Lachen	
Grübeln		Traurigkeit		Schmerz	
Freude		Trotz		Ernst	

Der Körper ist der Übersetzer der Seele ins Sichtbare.
Christian Morgenstern

Lösung

Emotion	Buchstabe	Emotion	Buchstabe	Emotion	Buchstabe
Freude	B	Trotz	C	Ernst	A
Grübeln	G	Traurigkeit	F	Schmerz	I
Weinen	D	Entspan-nung	E	Lachen	H

Nonverbale Kommunikation

Die nonverbale Kommunikation umfasst alle »nicht gesprochenen«, also nonverbalen Elemente. Dazu gehören der Ausdruck des Gesichts und die Bewegungen der Arme, der Hände und des Kopfes, der Blickkontakt, die Distanz, der Gang und die Körperhaltung. Darüber hinaus spielen die gesamte äußere Erscheinung und die paraverbale Sprache, also die Art und Weise, wie die Stimme eingesetzt wird (Tonhöhe, Tonhöhenverlauf, Sprechtempo etc.) eine Rolle. Die Bedeutung der Stimme haben wir bereits im Kapitel »Hören« näher betrachtet.

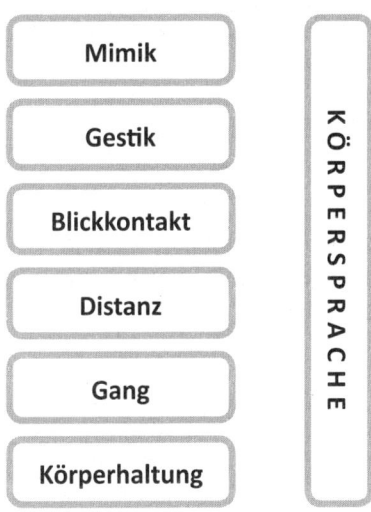

Die Grafik verdeutlicht, dass die Körpersprache mehrere Bereiche umfasst. Bei der Deutung und Interpretation muss man daher immer vorsichtig sein und den gesamten Menschen mit seiner Situation einbeziehen. Es erfordert viel Übung und vor allem Fingerspitzengefühl. Nachstehend werden die wichtigsten Bewegungen und deren Interpretationsmöglichkeiten dargestellt. Wie bereits gesagt, gibt es noch weitaus mehr Bewegungen und Bewegungsabläufe, die interpretiert werden können. Das Wichtigste ist jedoch, sensibel und offen zu sein und die beobachteten Bewegungen als eine Möglichkeit, nicht als eine Tatsache zu sehen.

Mimik

Der Ausdruck des Gesichts unterstreicht im Normalfall das Gesagte. Da die Körpersprache jedoch mit Gedanken, Gefühlen und Emotionen zusammenhängt, können widersprüchliche Signale auftreten. Am Gesichtsausdruck sind der Mund, die Augenbrauen, die Haut und die Nase beteiligt. Die Reaktionen dieser Gesichtspartien lassen erkennen, ob das Gesagte mit dem Körper und somit mit den Gedanken und Emotionen übereinstimmen.

Von den 20 verschiedenen Gesichtsmuskeln sind 17 allein für den mimischen Ausdruck zuständig.

Tipps für Ihre Beobachtung

Mund

Spannend ist, wie sich der Mund im Laufe eines Gesprächs verändert und wie er auf bestimmte Aussagen reagiert. Er kann nach unten oder oben gezogen sein, die Zähne oder die Zunge zeigen und unterschiedlich weit geöffnet sein.

Ein **weit geöffneter Mund** deutet darauf hin, dass die erhaltene Information sehr groß ist, dass man überrascht ist oder aber auch überfordert. Werden die **Lippen streng aufeinander gepresst**, will man die Information sprichwörtlich nicht einlassen, das heißt, dass man nicht sprechen will bzw. dem Gesagten nicht zustimmt.

Nach oben gerichtete Mundwinkel lassen darauf schließen, dass die Information wie in einer Schale aufgenommen wird, dass man mit dem Gesagten übereinstimmt und die Information festhalten will. Zeigen die **Mundwinkel nach unten**, kann man sich vorstellen, dass es sich um eine umgedrehte Schale handelt, aus der alles wieder hinausfließt. Der Gesprächspartner wird wahrscheinlich nicht mit dem einverstanden sein, was er gehört hat.

Streicht die **Zunge** über die Lippen, kann das darauf hindeuten, dass man alles, was gesagt wurde, aufnehmen, also aufschlecken will, sodass nichts verloren geht. Das passiert oft bei Komplimenten. Sucht die Zunge imaginäre Reste im Mund, ist das ein Hinweis darauf, dass man versucht, zusätzliche Informationen zu finden, damit man versteht, was gesagt wurde. Man überlegt oder sucht etwas.

Welche Emotion steckt dahinter?

Betrachten Sie die folgenden Bilder und ordnen Sie diese den Emotionen zu.

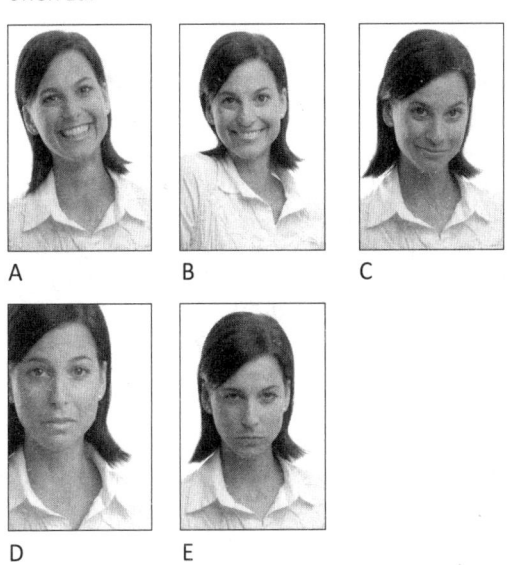

A   B   C

D   E

Emotion	Buchstabe
Wut	
Lachen	
Lächeln	
Trauer	
Verschmitztes Lachen	

Lösung

Emotion	Buchstabe
Wut	E
Lachen	A
Lächeln	B
Trauer	D
Verschmitztes Lachen	C

Nase

Bei einer **gerümpften Nase** kann man davon ausgehen, dass ein unangenehmes Gefühl wie Ekel, Abscheu oder Widerwillen dahintersteckt. Man sieht eine gerümpfte Nase auch oft, wenn jemand Unbehagen empfindet oder im Moment keine Lust hat.

Eine **aufgeblähte Nase** hingegen lässt vermuten, dass die Person etwas als sehr angenehm empfindet, dass sie Freude und Spaß hat. Durch das Aufblähen der Nase, also die weitere Öffnung, wird signalisiert, dass man mehr davon aufnehmen will.

In besonders aufwühlenden Situationen kann man erkennen, dass die **Nasenflügel beben**. Damit werden Wut, Ärger und Zorn ausgedrückt.

Gerümpfte Nase   Aufgeblähte Nase

Augenbrauen

Werden Augenbrauen schnell **auf und ab bewegt**, kann das signalisieren, dass die Person einverstanden ist, dass man mit ihr in Kontakt tritt.

Augenbrauen, die **gehoben** werden, können entweder darauf hinweisen, dass die Person erstaunt oder skeptisch ist, es kann aber auch ein Zeichen dafür sein, dass die Person arrogant ist und sich überlegen fühlt.

Hochgezogene Augenbrauen

Haut

Die Haut verrät viel über die momentane Gefühlslage eines Menschen, dennoch wird viel zu wenig darauf geachtet, aus der Beschaffenheit der Haut zu lesen. Am offensichtlichsten ist es, wenn jemand Angst hat und ihm der »Angstschweiß« auf der Stirn steht. Bei Scham oder Aufregung rötet sich die Haut und sie erblasst, wenn man erschrickt oder unter Schock steht.

Gestik

Alle Bewegungen, die man mit dem Kopf, den Händen und den Armen macht, werden als Gestik bezeichnet. Ohne Gestik wären viele Botschaften schwer verständlich; tatsächlich wird ohne Gestik nur die Hälfte der Botschaft verstanden. Stellen Sie sich vor, Sie müssten jemandem, der nicht schwimmen kann und auch nichts darüber weiß, erklären, wie der Schwimmstil »Butterfly« funktioniert. Ohne die Verwendung des Körpers zur Beschreibung würde Ihr Gesprächspartner wahrscheinlich nicht nachvollziehen können, wie dieser Schwimmstil auszuführen ist.

Man kann es auch mit dem Malen eines Bildes vergleichen, in diesem Fall sind die Hände, die Arme und der Kopf die Zeichenstifte.

Tipps für Ihre Beobachtung

Kopf

Neigt jemand den Kopf während eines Gesprächs **nach rechts**, deutet das darauf hin, dass er Interesse zeigt und gesprächsbereit ist. Ein **nach links** geneigter Kopf lässt darauf schließen, dass der Gesprächspartner mit dem Gesagten nicht einverstanden ist. Dieser Kopfhaltung kann man auch entnehmen, dass die Person noch mehr Informationen braucht, um das Gesagte zu verstehen.

Ein **erhobener Kopf** lässt darauf schließen, dass die Person sich wohl fühlt, eine Situation überblickt und eine ausgeglichene und stabile Gefühlslage hat. Wird diese Kopfhaltung jedoch über einen längeren Zeitraum beibehalten, kann man auch auf Überheblichkeit schließen. Bei Menschen, die den **Kopf gesenkt** halten, schließt man meistens auf eine traurige, hoffnungslose Situation. Aber auch Schuldgefühle zeigen sich körperlich, indem sich der Kopf nach unten neigt. Ein nach unten geneigter Kopf ist auch Zeichen einer Demutshaltung und kann ausdrücken, dass die Person im Moment intensiv nachdenkt.

Pendelt ein Kopf während eines Gesprächs von links nach rechts, kann man darauf schließen, dass die Person am Gesagten zweifelt und sich unwohl fühlt. **Nickt** sie mit dem Kopf, stimmt sie dem Gesagten zu und signalisiert Verständnis.

Wenn jemand den **Kopf nach hinten** wirft, so entfernt er sich räumlich von seinem Gesprächspartner und signalisiert Distanz. Diese Distanz kann ein Hinweis auf Unsicherheit sein, aber auch auf Überlegenheit und auf Konfliktbereitschaft.
Ein **zugewandter Kopf** deutet immer auf Offenheit und Entgegenkommen hin. Der Betreffende ist interessiert am Gegenüber und neigt sich seinem Gesprächspartner zu.

Hände

Auch die Handhaltung verrät viel über einen Menschen. Ist die **Hand offen** und sieht man die Innenfläche, bedeutet das, dass man es mit einem offenen, friedvollen Menschen zu tun hat. Ist die **Hand verdeckt**, werden Absichten und Gefühle verdeckt.

Ist die Hand während eines Gesprächs zu einer **Faust** geballt, steckt meistens Aggressivität dahinter, die auf diese Weise gezeigt wird.
Oft sieht man auch, dass eine **Faust in die Hand** gelegt wird und so eine Schutzmauer aufgebaut wird. Das lässt darauf schließen, dass die Person unter Spannung steht und zum Schutz eine Mauer vor sich aufbaut. Diese Handhaltung findet man oft im beruflichen Kontext, beispielsweise bei Verhandlungen.

Richtet jemand die Hand wie eine **Pistole** auf Sie, ist dies eine Geste der Warnung und der Verteidigung.

Finger
Viele Menschen spielen während eines Gesprächs mit ihren Fingern, was auf einen Wunsch oder ein Gefühl hinweist.

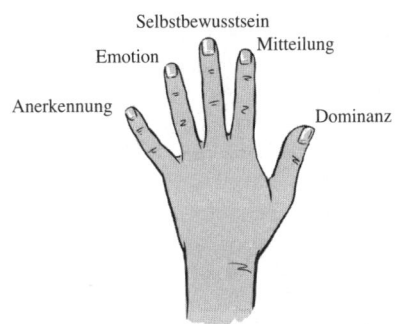

Daumen
Der Daumen steht für Kraft und Stärke und ist das Symbol für Dominanz. Wird der Daumen gezeigt, ist das meist ein Zeichen dafür, dass alles in Ordnung ist, dass man stark ist.

Zeigefinger
Der Zeigefinger steht für Willenskraft und sachliche Bezüge. Wird dieser Finger gezeigt oder einzeln bewegt, so will man sich mitteilen.

Mittelfinger

Der Mittelfinger ist symbolisch für das Selbstbewusstsein einer Person zu verstehen. Er steht in Verbindung mit Macht. Denken Sie an die Geste, bei der nur der Mittelfinger zum Einsatz kommt!

Ringfinger

Der Ringfinger spiegelt die Emotionen und die Gefühle wider. Achten Sie auf emotionale Situationen während eines Gesprächs. Oft wird in diesen Momenten mit dem Ring am Finger gespielt.

Kleiner Finger

Gesellschaftliche Zugehörigkeit und Anerkennung werden durch den kleinsten Finger dargestellt. Spreizt man diesen Finger beispielsweise beim Trinken ab, so teilt die Person mit, dass sie anerkannt werden will.

Während der Arbeit an diesem Buch habe auch ich begonnen, mich in vielen Situationen zu beobachten und aus mir zu lernen und Schlüsse zu ziehen.

Eine bestimmte Handhaltung, die ich immer wieder einnehme, ist mir besonders aufgefallen. Beide Hände berühren sich, indem ich Daumen auf Daumen, Zeigefinger auf Zeigefinger, Mittelfinger auf Mittelfinger usw. lege. Die Handhaltung stellt eine Pyramide dar und beschreibt eine konzentrierte **»Denkerhaltung«**.

Auf der Suche nach der Bedeutung dieser Pyramidenhaltung bin ich auf folgende Erkenntnis gestoßen: Eine Pyramide kann eine Antenne darstellen, die meine Grundhaltung und Intention in diesem Moment ausstrahlt. In der »Denkerhaltung« versucht man mit Fingerspitzengefühl die richtigen Worte zu finden und sich zu sensibilisieren. Die Pyramidenform der Hände kann diese Absicht noch stärker an die Mitmenschen ausstrahlen und vermitteln.

Setzen Sie bewusst diese Haltung ein, wenn Sie das Signal geben wollen, dass Sie sich gerade in einer Nachdenkphase befinden.

Denkerhaltung

Arme

Aus den Armbewegungen kann man einfach ablesen, ob sich der Gesprächspartner wohl fühlt oder nicht. Bei Bewegungen **unterhalb der Taille** ist der Gesprächspartner meistens unsicher oder verlegen, wohingegen Bewegungen **oberhalb der Taille** darauf schließen lassen, dass sich die Person sicher und wohl fühlt.

Sind die Arme **vor der Brust verschränkt**, muss das nicht – wie oft beschrieben – automatisch bedeuten, dass die Person »zumacht« und nichts mehr hören will. Oft wartet die Person mit dieser Geste darauf, etwas sagen zu können. Sind die Arme **locker vor der Brust** verschränkt, kann das auch darauf hindeuten, dass die Person aktiv zuhört und sich selbst in den Hintergrund stellt.

Werden die Oberarme an **den Körper gedrückt**, weist das auf Angst hin. Zieht man die **Arme nach hinten**, zieht man sich sprichwörtlich zurück.

Blickkontakt

Weit **aufgerissene Augen** können sehr widersprüchlich interpretiert werden. Einerseits können sie auf Bewunderung und starkes Interesse deuten, andererseits können weit aufgerissene Augen auch Angst und Entsetzen darstellen.

Sie haben sicher schon einmal bemerkt, dass Menschen in Gesprächen die **Augen schließen**. Das kann darauf hindeuten, dass sie entweder extrem konzentriert sind oder aber, dass sie sich zurückziehen wollen, dass es der Person zu viel ist. Oft ist es auch so, dass Menschen mit geschlossenen Augen überlegen und danach wieder voll ins Gespräch einsteigen.

Wird man **von oben herab** angesehen, ist das meist ein Zeichen für Überheblichkeit und Geringschätzung. **Wechselt der Blick ständig** und ist er unruhig, deutet das darauf hin, dass die Person unausgeglichen und unsicher ist. Auch ein auffällig **häufiger Lidschlag** deutet auf Unsicherheit und Nervosität hin.

Distanz

Je nachdem, in welchem Verhältnis Gesprächspartner zueinander stehen, verändert sich auch der Abstand zueinander, die Distanzzone. Befindet man sich in der falschen Distanzzone, reagiert der Körper mit Zurückweisung oder Ablehnung.
Sie sind sicher auch schon selbst einmal zurückgewichen, wenn Ihnen jemand zu nahe gekommen ist. Neigt sich Ihr Gegenüber während eines Gesprächs nach vor oder zurück, so sind das deutliche Hinweise, welches Distanzbedürfnis der Gesprächspartner gerade hat.

Gang

Bewegt sich jemand sehr rasch, lässt das darauf schließen, dass man es mit einem zielbewussten, geradlinigen Menschen zu tun hat. Möglicherweise spielt jedoch auch Ungeduld eine große Rolle. Im Gegensatz dazu deutet ein langsamer Gang auf eine Person hin, die im Moment gelassen und innerlich ruhig ist. Bewegt sich jemand jedoch ausschließlich langsam, kann man auf einen ruhigen, weniger temperamentvollen Menschen schließen.

Personen mit schlurfenden Schritten sagt man innere Antriebslosig-

110

keit nach. Auch kleine Schritte deuten auf Ängste, Unsicherheiten und Unschlüssigkeit hin.

Körperhaltung

Der gesamte Körper und dessen Bewegungen lassen auf verschiedene Gefühle und Emotionen schließen. Werden die Füße um die Stuhlbeine geschlungen oder rutscht jemand ständig auf dem Stuhl umher, deutet das auf Unsicherheit hin. Dieselbe Unsicherheit zeigt sich, wenn sich die Arme um die Stuhllehne klammern oder man sich selbst »umklammert«.

Weicht einer der Gesprächspartner zurück oder wendet sich ab, ist das ein Zeichen dafür, dass die Person ablehnt, was gesagt wird. Nähert sich der Gesprächspartner an, wendet sich dem Gesprächspartner zu und spiegelt die Gesten des Partners, ist das ein sehr positives Zeichen, das auf Zustimmung hindeutet.

Auch die Art, wie jemand steht, lässt Rückschlüsse zu. Steht eine Person aufrecht, hat man das Gefühl, dass sie mit beiden Beinen im Leben steht; das spiegelt Selbstbewusstsein wider. Anders verhält es sich mit Personen, die nicht ruhig stehen können und ständig mit dem Körper und den Beinen wippen. Man empfindet sie als sehr unruhig und tatsächlich tragen sich solche Menschen mit dem Gedanken, hier »nicht stehen zu können«. Dieses Wippen zeigt sich aber auch bei Menschen, die damit ihrem Gegenüber Überlegenheit signalisieren wollen.

Hat eine Person einen sehr breiten Stand, werden Überheblichkeit und Selbstbewusstsein signalisiert. Auf diese Weise will die Person, wenn auch unbewusst, einschüchtern und verängstigen. Diese Haltung kann jedoch auch auf mögliche Unsicherheiten und Verletzungen hindeuten, die man nicht mit anderen teilen will und die man durch beeindruckende, große Gesten zu verschleiern sucht.

Bei sämtlichen Interpretationen und Deutungen der Körpersprache ist zu beachten, dass es sich bei jeder körperlichen Reaktion um eine Momentaufnahme, um ein Gefühl oder eine Emotion handelt, die gerade in diesem Moment aktuell ist. Niemals darf aufgrund einer Reaktion auf den gesamten Menschen geschlossen werden. Darüber hinaus muss eine Reaktion immer im Zusammenhang mit dem ganzen Menschen erfasst werden.

Wie bereits beschrieben, bieten Bewegungen manchmal komplett gegenteilige Interpretationsmöglichkeiten. So können weit aufgerissene Augen als besonders interessiert gedeutet werden, aber auch darauf hinweisen, dass die Person entsetzt ist und so Angst ausdrückt. Was wirklich dahintersteckt, lässt sich immer nur durch die Gesamtbetrachtung des Menschen erfahren.

Wenn Sie die Signale des Körpers bei anderen Menschen zu deuten versuchen, beginnen Sie damit, dass Sie darauf achten, ob Ihr Gesprächspartner das Gesagte mit seinem Körper noch unterstreicht. Sie haben bereits einige Hinweise erhalten, worauf Sie achten können. Sie werden zum Beispiel beobachten, dass die Aussage »Ja super, das machen wir so« oft durch ein leichtes Kopfschütteln begleitet wird. Oder dass jemand auf eine gestellte Frage die Lippen zusammenpresst, was eindeutig darauf hinweist, dass die Person im Grunde keine Details preisgeben will.

Achten Sie auf optische Widersprüche. Sie werden die Kunst des Lesens der Körpersprache bald so weit beherrschen, dass Sie Unwahrheiten oder Probleme anderer Menschen erkennen werden.

Unsere Körpersprache kann nicht nur auf andere wirken, sondern wirkt auch auf uns selbst zurück. Das wird auch als **Rückkoppelung der Körpersprache** bezeichnet. Mit einem einfachen Trick können Sie innerhalb einer Minute Ihre Laune erheblich verbessern. Halten Sie einen Stift mit den Zähnen fest, ohne ihn mit den Lippen zu berühren. Das beansprucht die Gesichtsmuskulatur ähnlich wie Lächeln und führt zu einer Hormonausschüttung im Gehirn, was tatsächlich die Stimmung verbessert. Ihre eigene Körperhaltung und Körpersprache beeinflussen Sie sozusagen selbst. So können Sie Ihre gute Stimmung trainieren und in weiterer Folge auf andere Menschen übertragen.

Ja/Nein

Ziel dieser Übung ist es, anhand der Mimik zu erkennen, ob der Gesprächspartner positiv oder negativ auf eine Frage reagiert, ob er »Ja« oder »Nein« meint.

Im ersten Teil der Übung stellen Sie Ihrem Gesprächspartner verschiedene Fragen, die er mit Ja oder Nein beantwortet. Ihr Gesprächspartner soll dabei zuerst an die Antwort denken und danach erst antworten. Beobachten Sie genau, wie sich das Gesicht verändert, und versuchen Sie festzustellen, ob es spezielle Anzeichen für Ja- und Nein-Antworten gibt.

Fragen, Teil I:

Du hast einen oder mehrere Brüder?
Deine Lieblingsfarbe ist gelb?
Du hast einen Hund?
Du möchtest einmal erfolgreich werden?
Deine Traumstadt ist New York?
Dein Lieblingsgetränk ist Früchtetee?
Du isst am liebsten gebratene Leber?
Du bist in Paris geboren?

Im zweiten Teil stellen Sie Ihrem Gesprächspartner neue Fragen, die er jedoch nicht laut beantworten soll. Ihre Aufgabe ist es nun, anhand der Mimik festzustellen, ob die jeweilige Frage bejaht oder verneint wird.

Fragen, Teil II

Vorgestern warst du im Kaffeehaus?
Du kannst dir vorstellen, in einem Hotel zu arbeiten?
Es ist ein Wunsch von dir, einmal im Leben Bungee-Jumping zu machen?
Du hast dir schon mal überlegt, deine Haare blau zu färben?

Mit einem Gewinn würdest du eine Weltreise machen?
Du magst Spinat lieber als Blumenkohl?
Putzt du dir dreimal am Tag die Zähne?
Kennst du persönlich jemanden, der Adam heißt?

Sie haben bemerkt, dass es körpersprachliche Signale dafür gibt, ob jemand positiv oder negativ auf eine Frage reagiert. Wenn Sie den Unterschied zwischen Ja und Nein bei einigen Ihrer Mitmenschen feststellen können, haben Sie Ihre Wahrnehmung bereits um einige Nuancen geschärft und können sich auf die weitere Entwicklung freuen.

Wie schon erwähnt, verwende ich das Lesen der Körpersprache sehr stark in meinen Shows. Das Beobachten und Interpretieren der Körpersprache der Zuschauer ist oft der entscheidende Faktor, wie ich mit diesen Menschen, die zu mir auf die Bühne kommen, umgehe, wie ich mit ihnen spreche und vor allem, für welches magische Experiment ich sie als geeignet sehe. In meinem 30-Sekunden-Check, den ich bereits im Kapitel »Hören« beschrieben habe, spielt neben dem aktiven Zuhören auch die Interpretation der Körpersprache eine große Rolle. Vor allem in der Kennenlernsituation stellt die unbewusste körperliche Sprache meines Gegenübers für mich eine der besten Möglichkeiten dar, jemanden einzuschätzen, ohne ihm oder ihr durch indiskrete persönliche Fragen zu nahe zu treten.

Generell versuche ich für meine Bühnenexperimente Personen zu suchen, die den Anforderungen des jeweiligen Experiments entsprechen. Für bestimmte Acts ist es wichtig, mit einer Person zu arbeiten, die sehr gut zuhören kann, die schnell mitdenkt und Selbstsicherheit ausstrahlt. Bei manchen Nummern benötige ich aber auch Personen, die sich ablenken lassen, die generell unsicher sind und die man leicht verwirren kann.

Der 30-Sekunden-Check gibt mir die Möglichkeit, eine Grundauswahl zu treffen.

Täusche ich mich oder wird eine Person zufällig ausgewählt und entspricht nicht meinen Anforderungen, greife ich auf eine Möglichkeit zurück, die ich **Körpersprachensuggestion** nenne. Bei der Körpersprachensuggestion verwende ich Elemente der Körpersprache wie Mimik, Gestik, Haltung und vieles mehr ganz bewusst, um mein Gegenüber in eine gewünschte Stimmung zu versetzen.

Durch die bewusste Wahl von körpersprachlichen Elementen und durch die Wahl der richtigen Worte sende ich Botschaften aus, die mein Gegenüber in jene Stimmung versetzen, die ich für das Experiment benötige. Ist eine Person zum Beispiel sehr schüchtern, spricht leise und ich merke, dass sie sehr nervös ist, versuche ich mich bewusst auf sie einzustellen und ihr beruhigende Botschaften zu senden. Ich setze sie auf einen Stuhl, gehe selbst in die Knie, um Ebenbürtigkeit zu demonstrieren, spreche ganz bewusst mit langsamer, tiefer Stimme, spiegle ihre Körpersprache, berühre sie kurz an der Schulter und versuche ihr auch nonverbal mitzuteilen, dass die nächsten Minuten eine ganz tolle Erfahrung für sie sein werden. Ein Lächeln und eine freundliche Ausstrahlung können hier Wunder wirken!

Sie können die Signale der Körpersprache nicht nur verwenden, um zu lesen, sondern auch gezielt einsetzen, um Ihre Botschaften zu senden.

Tatsächlich ist es so, dass nonverbale Signale über den Körper gesendet werden, sobald man zu kommunizieren beginnt. Das geht sogar so weit, dass ein Körper auch dann kommuniziert, wenn man nicht spricht.

> **Man kann nicht nicht kommunizieren.**
> Paul Watzlawick

Was Paul Watzlawick mit diesem berühmten Zitat meint, ist Mentalisten bewusst. Sie setzen nonverbale Kommunikation darüber hinaus auch noch zielgerichtet ein.

Im Laufe eines Tages beurteilen Menschen andere Menschen, Dinge und Situationen unzählige Male. Die Beurteilung anderer Menschen erfolgt jedoch nicht ausschließlich aufgrund dessen, was das Gegenüber sagt, sondern anhand einer Kombination aus dem tatsächlich Gesagten und den vom Körper ausgesendeten Signalen. Aus diesen

Informationen bildet sich der Mensch eine Meinung über das Gesagte und beurteilt den Sprecher.

Auch wenn man normalerweise nicht bewusst auf nonverbale Hinweise achtet, so werden Sie mithilfe der nächsten Übung sofort feststellen, dass bereits jetzt ein kleiner Mentalist, eine kleine Mentalistin in Ihnen steckt.

Anhand dieser Übung ist ersichtlich, wie viel man allein schon aus einem Gesicht ablesen kann.

Woran denkt die Person?

Ordnen Sie die Sätze den Gesichtsausdrücken zu.
Im Bildteil sehen Sie Gesichter, die verschiedene Emotionen darstellen. Woran hat die Person gedacht, als das Foto gemacht wurde? Ordnen Sie die Buchstaben den Aussagen zu!

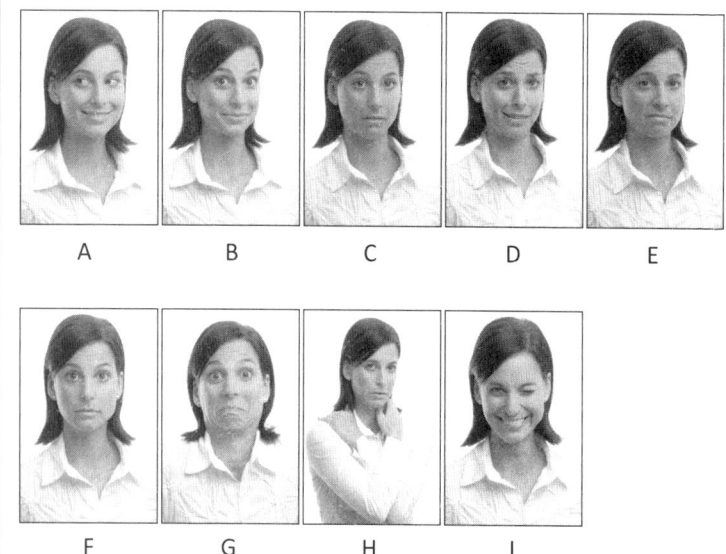

A   B   C   D   E

F   G   H   I

Aussage	Buchstabe
»Das ist ja ekelhaft!«	
»Na, wie wäre es mit uns zwei?«	
»Bist du dir sicher, dass das so war?«	
»Ich fühle mich überfordert!«	
Neugierig: »Was will er von mir?«	
»Ich fühle mich total unwohl!«	
»Also, das glaube ich dir überhaupt nicht!«	
»Das überrascht mich wirklich!«	
Belustigt: »Wie siehst du denn aus?«	

Emotionsvergleich

Betrachten Sie die beiden Bilder und sehen Sie, wie sich durch eine kleine Bewegung des Kopfes nach oben der Ausdruck von Unsicherheit zu Arroganz verändert.

Betrachten Sie die beiden Bilder und sehen Sie, wie sich durch eine minimale Änderung der Handhaltung, des Mundes und der Augen der Ausdruck von Schüchternheit in Selbstsicherheit verändert.

Lösung

Aussage	Buchstabe
»Das ist ja ekelhaft!«	E
»Na, wie wäre es mit uns zwei?«	I
»Bist du dir sicher, dass das so war?«	C
»Ich fühle mich überfordert!«	F
Neugierig: »Was will er von mir?«	A
»Ich fühle mich total unwohl!«	H
»Also, das glaube ich dir überhaupt nicht!«	D
»Das überrascht mich wirklich!«	B
Belustigt: »Wie siehst du denn aus?«	G

Das Spiegeln der Körpersprache

Den Begriff des »Spiegelns« haben Sie nun schon ein paarmal gehört und tatsächlich handelt es sich dabei um ein Geheimnis, das relativ einfach in der Umsetzung ist und einen enormen Effekt hat. Diesen Effekt kennen Sie bereits. Der Mensch gleicht sich in einem angenehmen Gespräch seinem Gegenüber an. Beobachten Sie doch einmal die Besucher in einem Café. Wenn es sich um ein angenehmes Gespräch handelt, werden sich die Bewegungen angleichen. Fehlt die Chemie zwischen den Gesprächspartnern, wird die Körpersprache gegenteilig und nicht synchron sein. All das können Sie auch bei sich selbst feststellen, wenn Sie beispielsweise Ihr Glas zum Trinken anheben und Ihr Gesprächspartner es Ihnen gleichtut. Spiegeln bedeutet, dass Sie Ihr Verhalten angleichen.

Phasen der Trauer

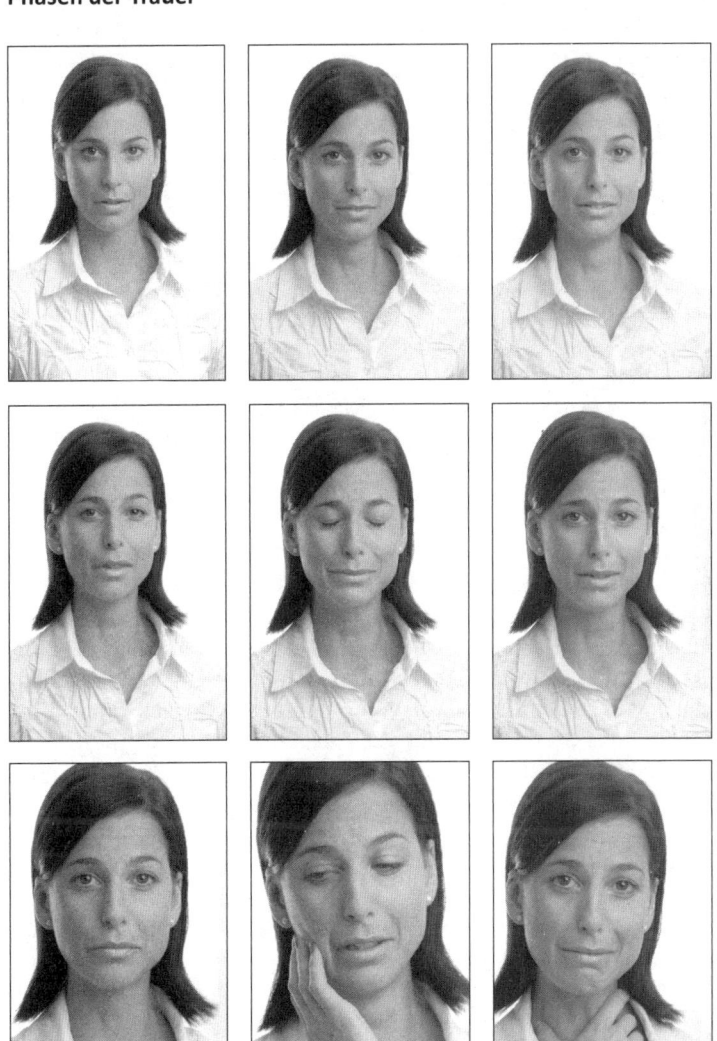

Dieses Angleichen lässt sich sowohl im Beruf als auch im Privatleben umsetzen, es ist ein Zeichen für Sympathie, so als ob Sie sagen würden: »Ich bin wie du, wir sind uns ähnlich, du kannst mir vertrauen!«

Das **Spiegeln der Körpersprache** ist für uns Mentalisten eine sehr wirkungsvolle Methode, um Vertrauen zum Gesprächspartner aufzubauen. Besonders auf einer Bühne mit blendenden Scheinwerfern und einem großen Publikum werden Menschen, die diese Vorführsituation nicht gewohnt sind, plötzlich unruhig, nervös und unberechenbar.

Für bestimme Experimente, bei denen man zum Beispiel jemanden in einen Trancezustand bringt, ist gegenseitiges Vertrauen die Grundvoraussetzung für Erfolg.

Durch das Spiegeln der Körpersprache des anderen baue ich innerhalb kürzester Zeit Vertrauen auf, um meinem Gegenüber ein gutes Gefühl zu geben und ihm die Angst oder Unsicherheit zu nehmen.

Auf welchen Ebenen man jemanden spiegeln kann und worauf man besonders achten muss, erklären wir Ihnen im Folgenden.

Es gibt zwei Arten des körpersprachlichen Spiegelns: das direkte Spiegeln und das überkreuzte Spiegeln. **Direkt Spiegeln** bedeutet, dass man die Körperhaltung, die Mimik und Gestik direkt übernimmt. **Überkreuzt Spiegeln** heißt, dass man einen Kanal, über den sich Körpersprache äußert, durch einen anderen ersetzt. Zum Beispiel kann man die Atmung des Gesprächspartners spiegeln, indem man den Rhythmus mit einer entsprechenden Handbewegung nachahmt. Ein anderes Beispiel ist, dass man die Haltung der Füße mit den Händen spiegelt.

Körperhaltung und Gestik

Für das Spiegeln in der Praxis empfiehlt es sich, zuerst auf die Körperhaltung und die Gestik des Gesprächspartners zu achten. Befindet man sich in einer gegenüberliegenden Position, zum Beispiel an einem Tisch, kann man gut beobachten, wie sich die Körperhaltung der Person innerhalb eines Gesprächs verändert. Die Sitzhaltung wird sich ändern, die Arme werden verschiedene Positionen einnehmen und das ganze Gespräch wird wie ein dynamischer Prozess verlaufen.

Beim Spiegeln der Mimik ist es wichtig, jene Ausdrücke zu spiegeln, die besonders auffällig sind. Weit geöffnete Augen, das Heben der Augenbrauen, aber auch spezielle Bewegungen mit dem Mund lassen sich gut nachahmen.

Stimme und Wörter
Eine weitere Methode, sich dem Gesprächspartner anzupassen, funktioniert über das Erkennen der Stimmlage, der Sprechgeschwindigkeit, des Atemrhythmus und der Wahrnehmungsebene. Jeder Mensch hat, abhängig von der Situation, eine bestimmte Sprechgeschwindigkeit und Tonhöhe. Spricht jemand sehr langsam, gilt es, sich genau dieser Sprechgeschwindigkeit anzupassen. Ist der Gesprächspartner sehr hektisch, kann man auch diese Geschwindigkeit annehmen. Wenn man besonders aufmerksam ist, kann man sogar Unterschiede im Atemrhythmus feststellen, je nachdem, über welches Thema gerade gesprochen wird.
Eine besondere Herausforderung ist es, die Wahrnehmungsebene des Gesprächspartners zu erkennen. Wie bereits im Kapitel »Hören« erläutert wurde, gibt es unterschiedliche Wahrnehmungstypen: den visuellen, den auditiven und den kinästhetischen Typ. Um welchen Typ es sich handelt, kann man unter anderem an den Wörtern erkennen, die jemand verwendet.

A: Ich sehe nicht, dass mein Vater mich irgendwann mal akzeptieren wird.
B: Wie fühlst du dich dabei?
A: Wie bitte?
B: Es muss doch sehr schwierig sein für dich, damit umzugehen. Wie fühlst du dich dabei?
A: Ach so, ja, ich blicke nur einfach nicht durch, wieso das so sein muss …

An diesem Beispiel kann man sehen, dass B seinen Gesprächspartner nicht gespiegelt hat und so im ersten Moment bei A eine Verwirrung ausgelöst hat. Die Wörter »sehen« und »durchblicken« deuten eindeutig darauf hin, dass A ein visueller Typ ist. Will man als B nun A entgegenkommen, hätte man auf der visuellen Ebene bleiben müssen und nicht auf die kinästhetische Ebene »fühlen« gehen.

Das Spiegeln der Wahrnehmungsebenen ist sehr komplex, da es einige Zeit erfordert, bis man herausgefunden hat, um welchen Typ es sich handelt, und auch weil es sich bei den meisten Menschen um Mischtypen handelt.

Versuchen Sie die folgende Übung und gehen Sie Schritt für Schritt vor. Es ist noch kein Meister vom Himmel gefallen und auch Mentalisten mussten diese Technik über Jahre üben. Suchen Sie sich jeweils ein Detail aus, worauf Sie sich konzentrieren möchten, und seien Sie offen für alles, was Sie während des Gesprächs sehen, hören und empfinden.

Spiegeln der Körpersprache und der Wahrnehmungsebene

Teil 1

Bevor Sie aktiv mit dem Spiegeln beginnen, beobachten Sie doch mal sich selbst und finden Sie heraus, ob Sie das Spiegeln in der einen oder anderen Situation bereits automatisch machen. Testen Sie auch, ob sich ein Gesprächspartner Ihnen anpasst, wenn Sie Ihre Gestik und Mimik verändern.

Teil 2

Versuchen Sie die Bewegungen Ihres Gesprächspartners zu spiegeln, also nachzuahmen. Wenn er sich beispielsweise nach vorne lehnt, machen Sie das auch, wenn er den Arm locker auf einer Lehne hat, legen auch Sie Ihren Arm locker auf die Lehne, so als würde der Gesprächspartner in einen Spiegel sehen. Sollte es für Sie unmöglich sein, sich einer Körperhaltung, zum Beispiel überkreuzte Beine, anzupassen, können Sie auch Ihre Hände überkreuzen und die Übereinstimmung so zeigen. Wenn Sie die Bewegungen in Ihr Gespräch einfließen lassen, wird Ihr Gesprächspartner gar nicht merken, dass Sie dies bewusst tun. Es mag sich am Anfang eigenartig anfühlen, aber Sie werden merken, dass Sie sich bald ganz natürlich und automatisch anpassen.

Teil 3

Sobald Sie sich natürlich und wohl fühlen, wenn Sie die Körpersprache, die Gestik und Mimik spiegeln, können Sie sich aufmachen zum Gipfelkreuz. Versuchen Sie anhand der eben gelernten Augenbewegungen und anhand der verwendeten Wörter herauszufinden, um welchen Typ es sich bei Ihrem Gesprächspartner handelt. Lassen Sie sich Zeit und seien Sie geduldig, denn neben diesen intensiven Beobachtungen noch ein Gespräch zu führen, kann am Anfang sehr schwierig sein.

Am Ende des Kapitels »Sehen« möchte ich Sie einladen, Ihre Augen zu trainieren. Um Ihre Augen fit zu halten, Ihre Konzentrationsfähigkeit zu erhöhen, Müdigkeit zu vertreiben und Ihre Augenmuskulatur zu stärken, sind folgende Übungen zu empfehlen.

Zeigefingerübung

Zeigefinger in Augenhöhe halten und mit den Augen fixieren.
Zeigefinger ganz langsam von der Nase wegführen, bis der Arm ausgestreckt ist, dabei die Bewegung des Zeigefingers mit den Augen verfolgen.
In dieser Position verweilen und einige Sekunden später den Zeigefinger langsam zur Nase zurückführen, dabei wieder die Bewegung des Zeigefingers mit den Augen verfolgen.
Schließlich den Blick vom Zeigefinger lösen und in die Ferne blicken.

Imaginationsübung

Bedecken Sie, ohne fest zu drücken, beide Augen mit den Händen, sodass Sie nichts mehr sehen können und kein Licht eindringen kann.
Stellen Sie sich nun schöne, vor allem farbige Gegenstände oder Landschaften vor und visualisieren Sie diese für zwei bis drei Minuten.
Entfernen Sie vorsichtig und langsam die Hände wieder von den Augen.
Wichtig ist, dass Sie dabei vom jetzt wieder einfallenden Licht nicht geblendet werden.
Ist dies der Fall und Sie fühlen sich geblendet, dunkeln Sie nochmals stärker ab.
Ein- bis zweimal pro Tag sollten Sie diese Übung praktizieren.

Man sieht nur mit dem Herzen gut.
Das Wesentliche ist für die Augen unsichtbar.
Antoine de Saint-Exupéry

Geheimnis: Riechen

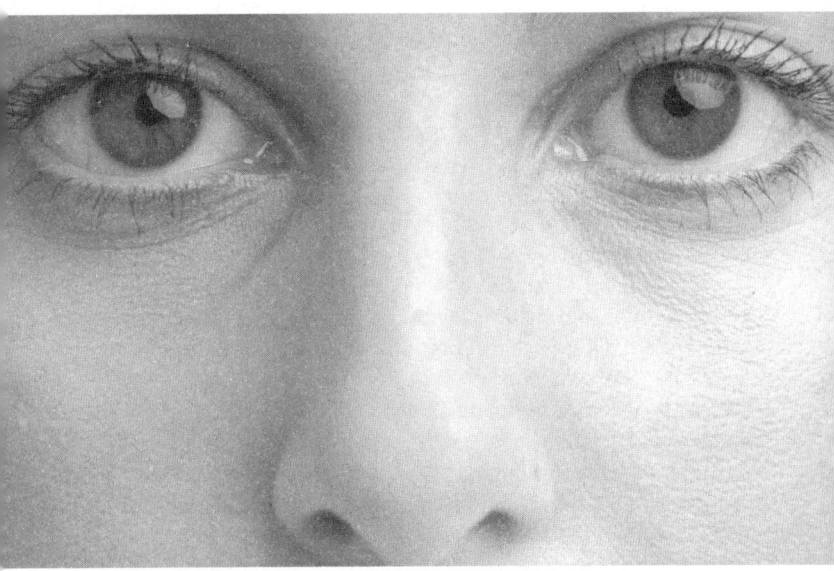

*Es gibt eine Überzeugungskraft des Duftes,
die stärker ist als Worte, Augenschein, Gefühl und Wille.
Die Überzeugungskraft des Duftes ist nicht abzuwehren, sie geht in
uns hinein wie die Atemluft in unsere Lungen, sie erfüllt uns, füllt
uns vollkommen aus, es gibt kein Mittel gegen sie.*
Patrick Süskind

Der Geruchssinn

Der Geruchssinn wird auch als olfaktorische Wahrnehmung bezeichnet und ist bei der Geburt bereits vollständig entwickelt. Er hat sich als »unbewusstester« aller menschlichen Sinne herauskristallisiert. Man kann die Nase eben nur bedingt schließen und der Geruchssinn hängt vom lebensnotwendigen Atmen ab. Riechen ist sozusagen ein Schmecken auf Distanz. Man kann um die Ecke riechen und auch im Schlaf Düfte wahrnehmen.

Das Geruchsorgan selbst hat sein Zentrum in der Nasenmuschel, es handelt sich dabei um sogenannte Knochenplättchen, die von einer Schleimhaut überzogen und mit circa zehn Millionen Sinneszellen bestückt sind.

Wie kann man sich den Vorgang des Riechens vorstellen?

Zunächst wandern die Duftmoleküle in die Nase und gelangen zu den Riechhaaren der Riechsinneszellen. Vom Riechkolben aus gelangt die verschlüsselte Information durch den Riechstrang in das Nervensystem, in dem die Botschaft entschlüsselt und in eine Geruchsempfindung umgewandelt wird.

Unser Geruchssinn wird nicht vom Großhirn überwacht, sondern steht mit dem limbischen System in direktem Kontakt und somit auch mit unserer Gefühlswelt. Das limbische System ist jener Teil des menschlichen Gehirns, der Emotionen steuert und an der Entstehung von Triebverhalten maßgeblich beteiligt ist. Die jeweilige Bedeutung von Gerüchen lässt sich erst nach der Interpretation der entsprechenden Sinneswahrnehmung feststellen.

Auch wenn alle Sinne versagen, bleibt der Geruchssinn als oft einzige wirklich verlässliche Quelle. Er hilft uns, Entscheidungen zu treffen und den richtigen Schritt zu erkennen. Auch die Bibel behandelt den Geruchssinn.

Lesen Sie dazu einen kleinen Auszug aus dem 1. Buch Mose, Kapitel 27: »Da sprach Isaak zu Jakob: Tritt herzu, mein Sohn, dass ich dich betaste, ob du mein Sohn Esau seiest oder nicht. Also trat Jakob zu seinem Vater Isaak; und da er ihn betastet hatte, sprach er: Die Stimme ist Jakobs Stimme, aber die Hände sind Esaus Hände. Und er kannte ihn nicht; denn seine Hände waren rau wie Esaus, seines

Bruders, Hände. Und Isaak, sein Vater, sprach zu ihm: Komm her und küsse mich, mein Sohn. Er trat hinzu und küsste ihn. Da roch er den Geruch seiner Kleider und segnete ihn und sprach: Siehe, der Geruch meines Sohnes ist wie ein Geruch des Feldes, das der HERR gesegnet hat.«

Düfte sind die Gefühle der Blumen.
Heinrich Heine

Der Duft des Lebens

Wussten Sie, dass die Entstehung eines neuen Menschenlebens ganz wesentlich von einem Duft, dem Duft von Maiglöckchen, abhängt? Auf der Suche nach dem Grund dafür, warum Spermien überhaupt zur Eizelle der Frau finden, fanden Forscher um Hanns Hatt an der Universität Bochum heraus, dass Spermien Riechrezeptoren besitzen und sich am Geruch orientieren. In Versuchen wurde festgestellt, dass Spermien auf die Stoffe Bourgeonal und Zyklamal reagieren, die ähnlich wie Maiglöckchen riechen. Der Maiglöckchenduft wirkt auf die Spermien wie ein Lockstoff, lenkt sie in eine bestimmte Richtung und sorgt auch für die Verdoppelung der Geschwindigkeit.

Dies ist nur ein Beispiel für die Bedeutung des Geruchssinns, gehört er doch zu den ältesten Sinnen des Menschen. Fragt man verschiedene Personen nach dem bedeutendsten Sinn, werden die wenigsten den Geruchssinn nennen. In früherer Zeit diente der Geruchssinn beispielsweise bei der Nahrungssuche dazu, festzustellen, ob die Nahrung verdorben oder noch frisch war. Auch die Partnerwahl vieler Tiere hängt von Gerüchen ab.
Die Bedeutung des Geruchssinns ist also dementsprechend groß, für den Menschen scheint sie jedoch zurückgegangen zu sein. Natürlich verlieren Gerüche bei der Nahrungssuche angesichts von Supermärkten an Bedeutung und auch die Partnerwahl erfolgt nicht ausschließlich über den Geruch. Oberflächlich betrachtet wäre der Geruchssinn also in der heutigen modernen Welt nicht mehr notwendig.

Im Gegensatz dazu soll in diesem Kapitel gezeigt werden, dass der Geruchssinn auf das Leben des Menschen und auf das Phänomen des Mentalismus wesentlichen Einfluss hat, dass er keineswegs ein evolutionäres Relikt ist und beispielsweise eine zentrale Rolle bei Gefühlen und Entscheidungen spielt. Der Verlust des Geruchssinns hat enorme Auswirkungen auf das Leben eines Menschen, was oft unterschätzt wird. So kann es bei einem Totalverlust des Geruchssinns, einer Anosmie, zu Depressionen kommen. Auch der Geschmackssinn, der eng mit dem Geruchssinn zusammenhängt, ist beeinträchtigt, da für die verschiedenen Geschmacksrichtungen der Geruchssinn wesentlich ist.

Wie Sie später noch feststellen werden, werden Sie durch den Geruchssinn stärker beeinflusst, als Ihnen unter Umständen lieb ist.

Unser Gehirn merkt sich die Kombination aus Düften und Erinnerungen. Das ist auch der Grund, warum wir Gerüche mit bestimmten Situationen oder Ereignissen verbinden und aus unserem **»Duftgedächtnis«** wieder abrufen können.

Unser Geruchssinn ist somit die Grundlage vieler Entscheidungen, die wir treffen, bewusste Entscheidungen, aber auch unbewusste – viele davon aufgrund von Emotionen und nicht aus Vernunft.

Die Beeinflussung durch Gerüche funktioniert am besten, wenn wir den Duft nicht bewusst wahrnehmen, er uns aber im Unterbewusstsein leitet. Dadurch ergeben sich Entscheidungen, die zwar aus dem Verstand kommen, aber durch Eindrücke des Geruchssinns gelenkt wurden.

Diese Art der Beeinflussung ist besonders wirksam, da man sich dagegen nicht wehren kann und sie nicht bemerkt. Die Welt des Marketings und der Werbung bedient sich genau dieses Beeinflussungssystems.

Beeinflussung des Geruchssinns

Die Beeinflussung durch spezielle Düfte ist weiter verbreitet, als Sie es sich vielleicht vorstellen können. Nach der erfolgreichen optischen und akustischen Reizüberflutung zur Verbesserung der Verkaufszahlen haben schlaue Marketingexperten ein neues Betätigungsfeld gefunden: das des Duftmarketings. Duftmarketing ist mittlerweile in keiner Branche mehr wegzudenken und vor allem äußerst wirksam. Haben Sie sich schon einmal vom Duft frischen Brotes anstecken lassen? Genau durch diesen Duft soll der Kunde dazu angeregt werden, etwas zu kaufen. Oft ist es sogar so, dass ein künstlicher Brotduft mittels Ventilator auf die Straße geblasen wird, um Kunden anzulocken. Viele Unternehmen kreieren eigene Düfte, um den Kunden überall auf der Welt dasselbe Gefühl zu geben und an das Unternehmen zu binden. Sogar Hotelketten verströmen eigens kreierte Gerüche, die es für den Gast auch noch zu kaufen gibt. Die Fluglinie Singapore Airlines beduftet heiße Tücher, die dem Fluggast beim Start gereicht werden, mit ihrer Hausmarke und vermittelt damit Wohlgefühl und einen angenehmen Flug. Auch die Flugbegleiter verwenden den Duft als Parfum. So ist der Fluggast während des gesamten Fluges von einem speziellen Duft umgeben. Im besten Fall ist der Flug für den Gast ein angenehmes Erlebnis, das dann positiv mit dem Geruch verbunden wird.

Der Neurologe und Psychiater Alan Hirsch kreierte einen speziellen Duft für die Verkäufer eines Autokonzerns mit dem Zweck, das Image der Verkäufer mit dem Duft zu verbessern. Die Duftnote »Honest Car Salesman« (auf Deutsch: ehrlicher Autoverkäufer) sollte das Vertrauen der Kunden in die Verkäufer stärken und dem Konzern wachsende Umsätze bescheren.

Die Schwierigkeit bei der Kreation der Düfte liegt in der Komposition der Bestandteile und in der Wahl der Intensität. Während Amerikaner beim Duft ihrer Wäsche süße und nicht naturidentische Komponenten wie Zimt, Apfel und Vanille bevorzugen, akzeptieren Konsumenten in vielen europäischen Ländern nur frisch duftende Wäsche. In den unterschiedlichen Kulturen werden immer jene Düfte bevorzugt, die aus dem Alltag bekannt sind und mit denen positive Empfindungen verbunden werden.

Das grundsätzliche Ziel des Einsatzes von Düften ist es, ein positives

Gefühl zu vermitteln und eine dauerhafte Kundenbindung aufzubauen. Selbstverständlich rufen diese Maßnahmen auch Kritiker auf den Plan. Diese verurteilen den Einsatz von Düften zur Verkaufsförderung als heimliche Manipulation und behaupten, dass mithilfe der Düfte über fehlende Eigenschaften von Produkten hinweggetäuscht werden soll. Das ist nicht von der Hand zu weisen, wenn man etwa daran denkt, dass Produkte aus Kunststoff mit einem Lederduft besprüht werden.

Bewusste Düfte

Teil I

Das Ziel dieser Übung ist es, die Gerüche in seiner Umgebung bewusst wahrzunehmen. Wenn Sie das nächste Mal in einem Hotel übernachten, in ein Flugzeug steigen oder einfach nur in verschiedenen Geschäften einkaufen, achten Sie doch darauf, ob Sie etwas Besonderes riechen. Bestimmt fallen Ihnen Gerüche auf, die Sie davor noch nie bewusst gerochen haben.

Nehmen Sie einen Duft besonders wahr, so überlegen Sie sich, was Sie mit diesem Duft verbinden und ob dieser Duft Ihrer Meinung nach zum Image des Unternehmens passt.

Teil II

Haben Sie Lust, Ihre Freunde einmal mit einem Geruch zu täuschen und zu verwirren? Was Sie dazu benötigen, ist ein Apfel und eine Zwiebel. Fragen Sie Ihren Übungspartner, ob er sich zutraut, Nahrung allein am Geschmack zu erkennen. Wahrscheinlich wird er dies bejahen und es für sehr einfach halten. Verbinden Sie ihm die Augen und halten Sie ihm eine Zwiebel unter die Nase. Gleichzeitig legen Sie ihm ein Stück Apfel in den Mund.

Fragen Sie Ihren Übungspartner, was er glaubt, gegessen zu haben, und lassen Sie sich überraschen!

Menschen sind sehr stark beeinflussbar, wenn es um ihren Geruchssinn geht. Das geht sogar so weit, dass es möglich ist, mittels Suggestion **Duftillusionen** im Gehirn zu erzeugen.

Suggestion ist eine gezielt gesteuerte Beeinflussung einer Vorstellung oder Empfindung. Diese Art der Manipulation wird vom Gegenüber oft nicht bewusst wahrgenommen, aber sehr wohl unterbewusst verarbeitet.

Eine Duftillusion durch Suggestion erzeugt im Menschen den Glauben, einen Geruch wahrzunehmen und auch die Auswirkungen des Duftes zu spüren. Wenn Sie sich nur vorstellen, eine wohlschmeckende Pizza zu riechen, dann steigert diese Duftillusion bei Ihnen das Gefühl, das Sie mit Pizza verbinden. Das kann Hunger oder auch Ekel sein.

Mentalisten arbeiten in manchen Situationen mit Duftillusionen und Suggestion, um Menschen in eine Stimmungslage zu versetzen oder eine Stimmungslage bewusst zu manipulieren. Auf der Bühne bitte ich beispielsweise einen Zuschauer, die Augen zu schließen und sich vorzustellen, er befinde sich an einem Meeresstrand. Wenn er diese Vorstellung visualisiert hat, suggeriere ich ihm auch noch den Duft des Meeres, sodass er diesen wirklich riechen kann, obwohl der Duft in diesem Moment gar nicht existiert.

Der Duft der Attraktivität

Ein besonderes Parfum, das den Typ unterstreicht, gehört zum Leben dazu und ein solches hat wohl jede Frau und jeder Mann zu Hause. Wie Forscher herausgefunden haben, wirken sich bestimmte Düfte sogar auf die Attraktivität aus. Bei einem Experiment an der Northwestern University in Chicago stellten Wissenschaftler fest, dass Duftspuren bestimmen, ob neutrale Gesichter als sympathisch oder eher unsympathisch eingestuft werden. In dem Experiment wurden 31 Testpersonen drei verschiedene Düfte in unterschiedlichen Intensitäten vorgesetzt. Es handelte sich um einen angenehmen Zitrusduft, einen neutralen Ätherduft und einen unangenehmen, schweißähnlichen Geruch. Im Anschluss mussten die Probanden jeweils Fotos von neutralen Gesichtern auf einer Skala von »sehr sympathisch« bis

»sehr unsympathisch« beurteilen. Das Ergebnis zeigte deutlich, dass die Gesichter wesentlich sympathischer beurteilt wurden, wenn es sich um einen angenehmen Duft gehandelt hatte. Weiters konnte festgestellt werden, dass die Intensität des gewählten Duftes eine große Rolle spielt. Je unterschwelliger, also verdünnter der Duft war, desto sympathischer wurden die Gesichter beurteilt.

Die Worte der Menschen verschwinden in der Luft.
Ihr Duft hingegen ist immer anwesend.
Manuel Horeth

Gerüche haben den besonderen Effekt, dass sie die Attraktivität einer Person erhöhen können. Hanns Hatt beschreibt in seinem Buch »Das Maiglöckchen-Phänomen« ein Experiment mit japanischen Studenten, an denen getestet wurde, ob sich das Distanzverhalten ändert, wenn man einen speziellen Duft einsetzt. Bei dem Experiment wurden die Studenten aufgefordert, sich einer Person, die in der Mitte des Raumes saß, zu nähern, und zwar von vorne, von hinten, von rechts und von links. Die Person in der Mitte war bei einem Durchgang unparfümiert, bei zwei weiteren wurde sie mit einem Duft besprüht. Einmal mit einer blumig-fruchtigen Mischung und einmal mit einem frisch-wässrigen Bouquet. Die Ergebnisse waren verblüffend. Beide Duftnoten veranlassten die Studenten, der unbekannten Person in der Mitte näher zu treten als ohne Parfüm. Die persönliche Distanz wurde beim frisch-wässrigen Duft um 20 Prozent und beim blumig-fruchtigen Duft sogar um 50 Prozent unterschritten.

Ein angenehmer Duft fördert also die Sympathie und die ausgestrahlte Attraktivität auf andere Personen. Achten Sie jedoch darauf, dass Sie eine geringe Dosis verwenden, denn in diesem Fall gilt das Motto: Weniger ist mehr!

Geht es Ihnen manchmal so wie mir? Sie sind kurz vor einer Präsentation, einem Termin oder einer wichtigen Begegnung, in der Sie zu 100 Prozent funktionieren müssen. Aber Sie sind heute nicht in der Stimmung und in der Laune für Ihr Vorhaben.

Ich habe für mich eine Methode gefunden, wie ich mich in kürzester Zeit in eine bestimmte Stimmung versetzen kann. Ich nenne es **mein ganz persönliches Duft-Geheimnis!**

Wie funktioniert das genau? Mein Ziel war es, mich für meine Shows in eine Erfolgsstimmung zu bringen. Es sollte eine Gefühlslage sein, die mir Kraft, Erfolg und Spaß vermittelt, um bestens gelaunt und stark motiviert in eine Live-Show zu gehen. Ich habe mir ein besonderes Parfum gekauft und habe es jeden Tag mitgenommen. Jedes Mal, wenn ich mich besonders stark, erfolgreich und motiviert fühlte, sprühte ich mich mit dem neuen Duft ein, nach jeder besonders spannenden und tollen Show, wenn ich viel Spaß hatte und an wunderschönen Orten war.

Nachdem ich dies monatelang praktiziert hatte, verwandelte sich der Duft für mich in den Duft des Erfolgs. Bevor ich auf die Bühne gehe, verwende ich heute immer noch genau dieses Parfum, denn es gibt mir das Gefühl, dass es eine tolle Show werden wird, und ich rieche ständig die Erinnerungen an diese besonderen Momente!

Mein Tipp: Finden auch Sie Ihren ganz persönlichen Erfolgsduft und entwickeln Sie Ihr eigenes Duftgeheimnis. Die dazu passende Übung finden Sie noch in diesem Kapitel.

Falls es Sie interessiert, wie mein persönliches Duftgeheimnis riecht: Terre d'Hermès.

Reise in die Vergangenheit

Mithilfe von Gerüchen kann man eine Reise in seine ganz persönliche Vergangenheit unternehmen. Die Erinnerungen sind mit Bildern, Geräuschen, Gefühlen oder eben Gerüchen gespeichert. Unter all diesen Verknüpfungen sind jedoch die geruchsinduzierten Erinnerungen jene mit am meisten Emotionalität. Das bedeutet, dass man sich durch Gerüche am stärksten in die Vergangenheit zurückversetzt fühlt. Sie haben diese Art der Zeitreise mit Sicherheit schon öfter unternommen und kennen bestimmte Gerüche, die Sie an ein vergangenes Erlebnis oder eine Person erinnern. Oft haben Parfums diese Wirkung, eine Sonnencreme oder andere Gerüche, die Sie an den Urlaub erinnern. Unter Umständen führt einen ein Geruch zurück in die Kindheit und erinnert einen an Dinge, die man davor gar nicht mehr wusste.

Hanns Hatt berichtet in seinem Buch über den Autor Andreas Hartmann, der alltägliche Geschmackserinnerungen gesammelt hat. In einer Geschichte erinnert sich eine Frau: »Immer wenn ich traurig bin, oder ein Anflug von Depressionen macht sich bemerkbar, dann backe ich Pfannkuchen. Es war ein Gefühl der Geborgenheit, wenn die Mutti Pfannkuchen gebacken hat … Pfannkuchen gab es ja nur, wenn der Bauer nebenan Milch und Eier übrig hatte. Das war ein Glücksfall.« Ein schönes Beispiel dafür, dass Gerüche in die Vergangenheit führen können und welch große Bedeutung sie haben können.

Ein Duft muss die besten Augenblicke des Lebens
wieder wachrufen.
Karl Lagerfeld

ÜBUNG

Perfekte Duftkreation

Was würden Sie davon halten, wenn Sie sich mithilfe eines Parfums selbst verzaubern könnten, und zwar innerhalb von Sekunden? In der folgenden Übung gestalten Sie eine für Sie perfekte Situation, in die Sie sich so oft wie möglich hineinversetzen. Gestalten Sie Ihre eigene kleine Zeitreise!

Wählen Sie ein Gefühl, das Sie gern öfter hätten, sei es das Gefühl verliebt zu sein oder die Vorfreude auf eine bestimmte Situation oder das Gefühl des Erfolgs, was auch immer. Am besten funktioniert diese Übung, wenn Sie sich einen Duft kaufen, den Sie noch nie hatten und mit dem Sie nichts verbinden. Dieses Parfum wird Ihre Tür zum gewünschten Gefühl werden.

Verwenden Sie dieses Parfum nun immer, wenn Sie wissen, dass Sie in eine Situation kommen, in der Sie das gewünschte Gefühl haben werden. Sprühen Sie den Duft wirklich nur dann auf, wenn die Situation zu Ihrem Gefühl passt.

Wenn Sie das einige Male gemacht haben, werden Sie feststellen, dass das gewünschte Gefühl jetzt jedes Mal eintritt, wenn Sie das Parfum verwenden. Wie schnell dieser Erfolg eintritt, hängt von verschiedenen Faktoren ab. Am besten ist, Sie probieren nach einigen Anwendungen das Parfum in einer neutralen Situation aus.

Es gibt unendlich viele Gerüche, auf die wir Tag für Tag treffen. Als Mentalist habe ich mir die Frage gestellt, ob es möglich ist, bestimmte seelische Zustände durch Düfte unterbewusst hervorzurufen. Um dies zu steuern, müssen wir unsere Werte kennen und welche Düfte wir mit unseren Werten verbinden. Der Psychologe Shalom H. Schwartz hat zehn Werte ermittelt, die alle Kulturen gemeinsam haben: Ausgewogenheit, Freiheit, Lebensfreude, Leistung, Macht, Norm, Sicherheit, Spannung, Tradition und Wohlwollen. Wissenschaftler glauben die passenden Düfte zu diesen Werten gefunden zu haben, Düfte, die genau diese Werte ausstrahlen und in uns das entsprechende Gefühl entwickeln und hervorrufen sollen. – Schätzen Sie mal, wie Macht oder Freiheit riechen könnte!

Lavendel und Basilikum: Ausgewogenheit
Meersalz und Wiese: Freiheit
Gummibärchen und Erdbeerbonbons: Lebensfreude
Pfeffer und Kaffee: Leistung
Pfeife und Weihrauch: Macht
Benzin und Wachsmalstifte: Norm
Kamille und Feuchtigkeitscreme: Sicherheit
Gewürznelken und Earl-Grey-Tee: Spannung
Tannennadeln und Zimt: Tradition
Birne und Kokosnuss: Wohlwollen

Es gibt auch Gerüche, denen heilende Kräfte und angsthemmende Wirkungen nachgesagt werden. Lesen Sie dazu gleich mehr.

Die duftenden Angstkiller

Düfte und Aromen können Ängste nehmen und für Entspannung sorgen. Auch wenn die Dosierung an der Wahrnehmungsgrenze liegt, der Effekt ist unbestritten. So verwendet eine Bochumer Zahnärztin einen Orangenduft, den die Patienten zwar nicht bewusst wahrnehmen, auf den sie aber dennoch positiv reagieren. Der Orangenduft lindert die Angst und auch der Duft von Lavendel wird von Patienten positiv aufgenommen und sie haben weniger Angst vor der Behandlung.

Auf dem Frankfurter Flughafen gibt es eine 270 Meter lange Röhre, durch die die Passagiere gehen müssen, wenn sie vom internationalen Terminal zum nationalen Terminal wollen. Diese Röhre wurde weitgehend gemieden und die Passagiere nahmen weite Umwege in Kauf, um nicht durch den Tunnel gehen zu müssen. Von dem Moment an, als die Röhre mit angenehmer Musik beschallt und ein angenehmes Licht installiert wurde, begannen die Passagiere durch den Tunnel zu gehen. Ausschlaggebend für einen angstfreien Gang durch die Röhre und einen deutlichen Anstieg der Passagiere, die durch die Röhre gingen, war letztendlich die extra komponierte Duftnote aus naturreinen ätherischen Ölen, die einen Hauch von Frühling verströmten.

Ätherische Öle werden in vielen Bereichen, zum Beispiel in der Aromatherapie, eingesetzt. Die Wirkung von ätherischen Ölen kommt besonders gut in der Bädertherapie zur Geltung. Die Anwendung ist einfach und für viele ist ein gemütliches Vollbad ein Genuss. Die Aromastoffe ätherischer Öle werden über die Hautoberfläche aufgenommen und gelangen über die Nase und die Lunge in den Blutkreislauf und weiter in den gesamten Körper und in das Gehirn, das uns Wärme und Entspannung vermittelt. Mit ätherischen Ölen sollte man allerdings sehr vorsichtig umgehen, da sie sehr intensiv sind. Setzen Sie ätherische Öle immer sparsam und niemals unverdünnt ein!

Wenn Sie das nächste Mal ein entspannendes Bad nehmen, so verwenden Sie doch einen Zusatz, der Ihren Bedürfnissen entspricht:

- Lavendel senkt den Blutdruck und wirkt schmerzstillend.
- Eukalyptus und Minze befreien die Atemwege und wirken schleim-
  lösend.
- Melisse beruhigt und wärmt.
- Muskatellersalbei wirkt entspannend und krampflösend.
- Rosmarin und Zitrusöl regen den Kreislauf an.

Ich darf Ihnen jetzt eine noch nie erklärte Methode verraten, wie ich nervösen und unruhigen Menschen auf der Bühne das Gefühl der Sicherheit gebe – nur durch die **Beeinflussung des Duftes**. Vor jeder Show tröpfle ich Zimtöl in die Nebelmaschine, die während der Show für mystische Effekte Nebel auf der Bühne produziert. Der Zimtgeruch wird durch den Nebel auf der ganzen Bühne verteilt. Man kann ihn wahrnehmen, aber meistens geschieht das im Unterbewusst-sein, da man sich auf einer Bühne selten auf einen Duft konzentriert.

Was bewirkt dieser Zimtduft beim Zuschauer?

Der Stoff Eugenol in den Zimtblättern ist ein sehr wirkungsvoller In-haltsstoff. Er vitalisiert den Körper und fördert die Lebensfreude. Der Zimtduft erweckt im Zuschauer einen Stimmungszustand voll Wärme, Schutz, Sicherheit und Geborgenheit. Introvertierte, verkrampfte und schüchterne Menschen gewinnen an Vertrauen, können plötzlich besser entspannen, loslassen und träumen, Eigenschaften, die für ein gelunge-nes Experiment auf der Bühne von großer Bedeutung sind.

Wenn Sie also einmal meine Show besuchen, achten Sie auf den Nebel!

Geheimnis: FÜHLEN

In Fühlen nur alleine
besteht der Sinnen Grund,
ohn diesen Leben keine.
Aug, Ohren, Nase, Mund,
ergreiffen keine Sachen
die ihnen Gegend stehn.
Was alle Sinnen machen,
muß erst durch den geschehn.
Kaspar von Stieler

Die Geschichte vom verschlossenen Herzen

Das Herz schlug 100.000 Mal am Tag – nicht mehr und nicht weniger. Der Lebenskampf hatte es geschwächt, und obwohl es noch nicht sehr alt war, hatte es schon viele Falten. Eines Tages war es auf die Idee gekommen, einen Verschlag um sich zu bauen, um sich vor anderen zu schützen. So suchte es den härtesten Stein für die Wände, das massivste Holz für das Dach und den stärksten Stahl für die Tür. Nur so, dachte das Herz, könne niemand mehr hinein zu ihm und es verletzen – niemand könne es mehr zerreißen. Endlich war es sicher. Nun saß das kleine Herz in seinem Verschlag, lugte hinaus durch die Fugen im Stein und hörte über sich das Knacken des Holzes. Vor lauter Langeweile zählte das Herz jeden Schlag mit, bis es dessen überdrüssig wurde. Das Herz fragte sich, was es überhaupt noch für einen Sinn hatte, zu schlagen. Was das Herz vergessen hatte, war, dass es sich zwar in Sicherheit vor allem Bösen befand, es niemand mehr verletzen und enttäuschen konnte, dass aber auch niemand mehr hineinkam, der mit ihm lachte, mit ihm Purzelbäume schlug und es wärmte. Es merkte, dass es einen fatalen Fehler begangen hatte. Mit aller Kraft versuchte es die Stahltür aufzudrücken, doch sie war zu schwer und ließ sich nicht bewegen. Voller Panik saß das kleine Herz in seinem selbst gebauten Gefängnis und schlug doppelt so schnell wie sonst. Wie hatte es nur in seiner Trauer den Schlüssel vergessen können?

Frei ist man nur, wenn man frei denken und frei fühlen kann. Das Herz entspannte sich erst einmal und beschäftigte sich mit sich selbst. Es schaute in den Spiegel und begann sich zu akzeptieren, wie es war, blassrosa und faltig. Es fühlte eine wohlige Wärme in sich aufsteigen und eine innere Gewissheit, dass es auf seine Art und Weise wunderschön war. So fing es intuitiv zu singen an, erst ganz leise und schnurrend und nach und nach immer lauter und heller, bis es ein klares Zwitschern war, wie das eines Vogels am Himmel.

Durch den hellen Ton begann der Stein an einer Stelle nachzugeben. Mit riesengroßen Augen starrte das Herz auf die Stelle, wo ein goldenes Schimmern zu erkennen war. Das Herz traute seinen Augen nicht. Da war der Schlüssel, den es damals mit in den Stein eingemauert hatte. Das hatte es über seinen Schmerz und das Selbstmitleid vergessen und jetzt, da es den Schlüssel in der Hand hielt, fiel es ihm wieder ein, wie es ihm vor all den Jahren so sicher erschienen war, ihn nie wieder zu brauchen, und nur noch das Unterbewusstsein den Ort des Schlüssels kannte. Langsam und voller Bedacht, den Schlüssel nicht abzubrechen, steckte das Herz ihn ins Schloss. Mit lautem Quietschen schob sich die schwere Stahltür auf. Das Herz machte einen Schritt nach draußen, schloss die Augen und atmete tief die frische Luft ein. Es streckte die Arme aus, drehte und wandte sich, blickte nach oben und nach unten und hörte gespannt mal hierhin und mal dorthin. Wie schön das Leben doch war! Das Herz hüpfte vor Freude und machte sich auf den Weg, neue Freunde zu finden.

Als mir diese Geschichte erzählt wurde, fühlte ich den wahren Kern und die Botschaft dieses Märchens. Ich sehe das Herz als Ihr Herz, nicht das Herz als körperliches Organ, sondern das fühlende Herz als das Zentrum Ihres Wesens. Das Herz, das gelernt hat zu fühlen, das in sich gegangen ist und intuitiv gehandelt hat und dadurch den Schlüssel zum Leben gefunden hat.

Es ist schwierig, den Bereich des fühlenden Herzens in Worte zu fassen, vielleicht geht es Ihnen auch öfter so, Sie fühlen etwas, sind aber nicht fähig, die richtigen Worte zu finden. Warum ist das so? Viele Millionen Jahre haben wir nur gefühlt und später einige Tausend Jahre auch geredet. Das könnte man vergleichen mit einer Stunde lang fühlen und dann drei Sekunden lang reden.

Das fühlende Herz ist die innere Zentrale, der wahre Schatz des Menschen, in dieser Zentrale können wir fühlen, was uns selbst und was andere bewegt. Wie in der Geschichte vom verschlossenen Herzen ist es aber die Grundvoraussetzung, dass wir unser Herz öffnen, um fühlen zu können. Wie Mentalisten Ihr Herz für das perfekte Gefühl öffnen, das können Sie nun schrittweise miterleben. Und so finden Sie Ihren persönlichen Schlüssel zum Leben.

Dreierlei Gefühle gibt es, ihr Jünger.
Freudiges Gefühl, leidiges Gefühl und weder freudiges
noch leidiges Gefühl.
vedanā-kkhandha – Wort des Buddha

Der Weg zum »Herzen des Gefühls«

Das Thema »Fühlen« ist sehr breit gefächert und spielt besonders für Mentalisten eine große Rolle. Aber auch im täglichen Leben zwischen Arbeit, Familie und Freizeit ist das Fühlen immer präsent und oft die Basis für Entscheidungen und Reaktionen. Die Stationen auf dem Weg zum persönlichen Schatz, dem »Herzen des Gefühls«, sollte jeder individuell gehen und vor allem langsam, Schritt für Schritt. Lassen Sie Ihre Lebenserfahrung mit einfließen und stärken Sie in diesem Kapitel Ihr Gefühl für Entscheidung und Motivation, Ihr Gefühl für Intuition, Ihr Gefühl für Selbstkompetenz, Ihr Gefühl für Selbstmotivation, Ihr Gefühl für Empathie und Ihr Gefühl für Charisma.

Wenn Sie für alle diese Kompetenzen ein intensives Gefühl entwickeln, dann erreichen Sie das »Herz des Gefühls«.

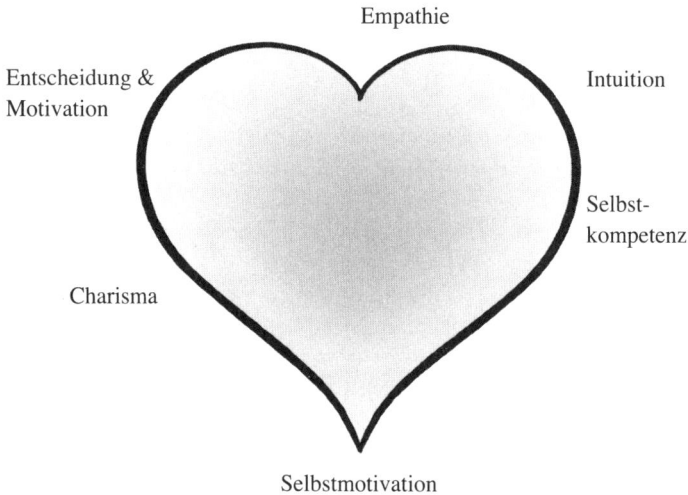

Denn wo dein Schatz ist, da ist auch dein Herz.
Matthäus 6,21

Umgang mit Gefühlen

Eine besondere Kompetenz von Mentalisten ist es, mit den eigenen, aber auch mit den Gefühlen der anderen umzugehen und zu arbeiten. Mentalisten nehmen ihre eigenen Gefühle wahr, respektieren sie und versuchen sie zu verstehen und einzuordnen.

Das gilt aber eben nicht nur für die eigenen Gefühle, sondern vor allem für die Gefühle der Mitmenschen. Der sorgfältige Umgang mit den eigenen Gefühlen und den Gefühlen der Mitmenschen ist eine Kunst an sich. Beherrscht man diese Kunst, bedeutet das, dass man mit sich selbst gut umgehen kann und vor allem auch mit seinen Mitmenschen.

Umgang mit Gefühlen
Wahrnehmen von Gefühlen
Verstehen von Gefühlen
Umgehen mit Gefühlen

Eigene Gefühle   **Fremde Gefühle**

Ich habe viele Jahre auf dem Weg zum »Herzen des Gefühls« verbracht. Nachdem ich es gespürt habe, bin ich überzeugt davon, dass man seinen Gefühlssinn verbessern und sich dafür besonders sensibilisieren kann.

Ihr eigener Schatz tief in Ihnen selbst – der Gefühlssinn – ist der wertvollste Sinn, den Sie besitzen. Hüten Sie diesen Schatz und nützen Sie ihn für alle Ihre Entscheidungen. Nichts ist ehrlicher, unbeeinflussbarer, aufrichtiger, sensibler, weiser und reiner als Ihr eigenes Gefühl.

Verwechseln Sie bitte das Fühlen, wie ich es in diesem Kapitel beschreibe, nicht mit dem klassischen Fühlen des Tastsinns. Ich sehe das Fühlen als die innere, unbewusste Kraft in jedem von uns, die uns in Situationen hilft, in denen die anderen Sinne nicht ausreichen und in denen das Fühlen der letzte Schritt **zum natürlichen 6. Sinn** ist.

Nachdem Sie sich über den Weg zum »Herzen des Gefühls« im Klaren sind und sich auch dafür öffnen können, freue ich mich nun, Ihnen diesen Schritt auf den nächsten Seiten beschreiben zu dürfen. Der Weg ist in einzelne Teile unterteilt, jeder unterstützt den nächsten und alle gehören zusammen und am Schluss ergeben sie das »Herz des Gefühls«.

Gefühl für Entscheidung und Motivation

Was würden Sie antworten, wenn Sie jemand fragen würde, auf welcher Grundlage Sie Entscheidungen treffen? Viele Personen entscheiden aufgrund von Tatsachen und Erfahrungen, viele andere entscheiden aus dem Bauch heraus, also aus dem im Moment vorherrschenden Gefühl. Viele Menschen haben sich noch nie damit auseinandergesetzt, warum man in bestimmten Situationen zu einer bestimmten Entscheidung tendiert. Ist man sich im Klaren darüber, warum man sich für gewisse Dinge entscheidet, kann man damit auch bewusster umgehen.

Mentalisten lassen sich bei vielen Entscheidungen vom inneren Schatz leiten und entscheiden aufgrund des wahren Gefühls, das sie in einer bestimmten Situation entwickeln. Inwieweit hängen jedoch Entscheidungen für oder gegen bestimmte Handlungen mit unseren Gefühlen zusammen? Das betrachten wir im nächsten Abschnitt näher.

Wahrnehmen – Verarbeiten – Handeln

Unvorstellbar viele Reize prallen auf einen Menschen in jeder Sekunde seines Lebens ein. Ein Teil der Reize wird bewusst wahrgenommen, der weit größere Teil jedoch wird unbewusst aufgenommen. Das stellt auch einen Schutzmechanismus für den Menschen dar. Würde jeder Reiz bewusst aufgenommen und müsste verarbeitet werden, wäre ein Leben wohl nicht mehr möglich, weil man dann nur noch mit der Verarbeitung beschäftigt wäre. Deshalb werden die ankommenden Reize gefiltert, sortiert und im Anschluss daran verarbeitet.

Wie in der Grafik dargestellt, werden die Reize über unsere Sinne wahrgenommen. Man sieht, hört, riecht, tastet, schmeckt und fühlt die Welt. Aus diesen unendlich vielen Reizen werden einzelne unbewusst herausgefiltert, die dann tatsächlich das Bewusstsein erreichen. Das ist der Zeitpunkt, in dem man auf etwas Besonderes aufmerksam wird. Man hört ein bestimmtes Geräusch, sieht etwas Außergewöhnliches, riecht etwas Neues, ein bestimmtes Gefühl steigt hoch. Normalerweise sind nicht alle Sinne auf »Empfang« gestellt und automatisch aktiviert. So nehmen etwa die wenigsten ihre Umwelt aus-

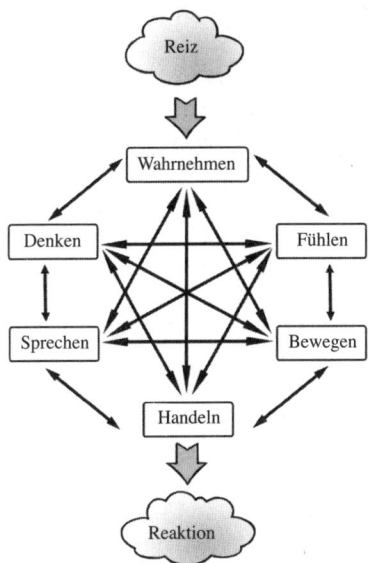

schließlich mit dem Geruchssinn wahr. Gibt es aber einen Geruch in einer Umgebung, die Gefahr bedeutet, wird dieser Geruch plötzlich bewusst wahrgenommen und der Mensch reagiert darauf, weil seine Aufmerksamkeit auf den Geruch gelenkt wird.

Grundsätzlich übernimmt der unbewusste Teil eines Menschen die Auswahl der Reize und sortiert diese nach bestimmten Kriterien. So wird zum Beispiel abgeklärt, ob es sich um einen Reiz handelt, der gefährlich ist, oder ob er die Grundbedürfnisse betrifft. Lenkt man seine Aufmerksamkeit und Konzentration jedoch auf einen bestimmten Bereich, kann man die Auswahl der Reize auch beeinflussen, zum Beispiel wenn man etwas sucht.

Sind die Informationen, die über die Sinne aufgenommen wurden, verarbeitet, reagiert der Mensch mit einer bestimmten Handlung, einer sprachlichen Aussage oder einem unbewussten Körperausdruck.

Wahrnehmungsübung »Fühlen«

Diese Übung können Sie auch zu Hause durchführen, besser eignet sich jedoch die freie Natur. Wenn Sie das nächste Mal draußen sind, nehmen Sie sich ein paar Minuten Zeit dafür.
Ziel dieser Übung ist es, die Umgebung und die vorkommenden Reize bewusst wahrzunehmen und in Beziehung zu den eigenen Gefühlen zu setzen.

Teil I

Setzen Sie sich hin und entspannen Sie sich. Lassen Sie Ihren Sinnen freien Lauf und achten Sie bewusst auf die Dinge, die Sie wahrnehmen. Fällt Ihnen etwas auf? Nehmen Sie mit einem Sinn besonders viel auf und mit anderen Sinnen weniger?

Teil II

Im zweiten Teil der Übung wählen Sie einen Sinn aus (Sehsinn, Hörsinn, Tastsinn, Geruchssinn oder Geschmackssinn) und konzentrieren sich auf die Reize, die über den gewählten Wahrnehmungskanal auf Sie einfließen. Achten Sie nun zusätzlich auf das Gefühl, das in Ihnen hochsteigt, sobald Sie die Reize bewusst wahrnehmen. Lassen Sie sich Zeit, seien Sie aufmerksam und offen für Ihre Empfindungen.

Die folgenden Fragen sollen Ihnen helfen, einen besseren Zugang zu finden:
Kennen Sie das Gefühl? Wenn ja, woher?
Können Sie die Gefühle bereits kategorisieren?
Lösen bestimmte Reize bestimmte Gefühle in Ihnen aus?
Gibt es Gefühle, die Sie sehr gut beschreiben können?
Können Sie einige wiederum gar nicht beschreiben?

> *Nicht Worte sollen wir lesen, sondern den Menschen,*
> *den wir hinter den Worten fühlen.*
> Samuel Butler

Der Motor für Entscheidung und Motivation

Die Wahrnehmung kann durch die Gefühle gesteuert werden. Ist man beispielsweise hungrig, fallen einem verhältnismäßig viele Restaurants auf, in denen man seinen Hunger stillen könnte. Unsere inneren Motive sind uns oft nicht bewusst und wir nehmen sie nicht aktiv wahr.

Nehmen wir an, Sie möchten ein neues Auto kaufen und haben sich für ein konkretes Modell entschieden. Sie glauben, dass Sie dieses Auto möchten, weil es eine besondere Ausstattung hat und der Preis dadurch auch absolut gerechtfertigt ist. Könnte es aber sein, dass Sie das Auto nur deshalb kaufen möchten, weil Ihr Nachbar auch so eines fährt? Der unbewusste Entscheidungsfaktor wäre hier also nicht die ausgefeilte Ausstattung, sondern der unbewusste Wunsch, das gleiche Auto wie Ihr Nachbar zu fahren. Das Wissen um die unbewussten Motive wird auch von der Werbeindustrie massiv genutzt, denn oft ist uns nicht ganz klar, warum wir etwas kaufen.

Auch bei der Verarbeitung der Informationen spielen Gefühle eine große Rolle. Gefühle regen zum Beispiel den Denkprozess an, können diesen jedoch auch hemmen, wie es in Stresssituationen oft vorkommt. So konnte nachgewiesen werden, dass ein erfolgreicher Lernprozess unter anderem davon abhängt, ob und welche Emotion mit der neuen Information zusammenhängt. Es werden nur Dinge vom Kurzzeitgedächtnis ins Langzeitgedächtnis übertragen, die in irgendeiner Art und Weise emotional bedeutsam sind. Andere Dinge, wie zum Beispiel eine Telefonnummer, die man nur einmal benötigt, werden sofort wieder vergessen. Dinge, die jedoch in Verbindung mit einer Emotion stehen, ob positiv oder negativ, werden eher behalten. Wenn Sie sich in Ihre Schulzeit zurückversetzen, können Sie sich sicher an so manche Unterrichtsstunde erinnern, in der Sie sich an das hässliche Sakko des Lehrers, aber nicht an den Inhalt des Unterrichts erinnern. Bei diesem Beispiel war das Sakko mit mehr Emotion verbunden als der Unterricht selbst. Es muss aber noch hinzugefügt werden, dass die Art und Weise, wie man etwas kommuniziert, eine Emotion hervorruft und nicht der Inhalt allein die Emotion beeinflusst.

Die Reaktion am Ende des Verarbeitungsprozesses wird ebenso von den Gefühlen der Person beeinflusst. Je nachdem, wie die innere Verarbeitung erfolgt, verändert sich auch die Reaktion. Man spricht laut oder leise, bewegt sich schnell oder langsam. Verarbeitung und Reaktion beeinflussen einander wechselseitig.

Wie bereits im Kapitel »Sehen« aufgezeigt, beeinflusst das Gefühl den Körper und umgekehrt. Befindet man sich in einer aufrechten, geraden Körperhaltung, wird das dahinterstehende Gefühl positiv sein. Fühlt man sich jedoch schlecht, zeigt sich das auch in der Körperhaltung und der Körpersprache.

Diesen Zusammenhang kann man auch für sich nutzen, indem man bewusst seine Körperhaltung ändert, um einen gewünschten gefühlten und mentalen Zustand zu erreichen.

Positives oder negatives Gefühl

Was wir wahrnehmen, hängt von den Gefühlen in der Situation und dem Zustand ab, in dem wir uns soeben befinden.

Ziel dieser Selbstbeobachtung ist es, den Zusammenhang zwischen dem eigenen Gefühlszustand und der Umgebung zu erkennen. Damit hat man wiederum Einfluss auf seine Stimmung.

Diesen Selbstcheck sollten Sie am besten an einem Morgen machen, an dem Sie eine extremere Grundstimmung haben als gewöhnlich – wenn Sie am Morgen erwachen und besonders positiv oder besonders negativ gestimmt sind.

Seien Sie sich Ihrer Grundstimmung bewusst und beobachten Sie sich im Alltag. Erleben Sie sich selbst mit einer negativen Grundstimmung, werden Sie im Laufe des Tages viele Bestätigungen erhalten, die Sie in Ihrer Stimmung bestärken. Ebenso werden Sie bei einer besonders positiven Grundstimmung sehr viel Schönes wahrnehmen.

Tipp:
Vergegenwärtigen Sie sich zwei, drei besonders positive oder negative Erlebnisse dieses Tages noch einmal. Versuchen Sie sich vorzustellen, wie der Tag gelaufen wäre, wenn Sie an dem Tag die gegensätzliche

Grundstimmung gehabt hätten. So kann es zum Beispiel sein, dass Sie ein Detail mit Ihrer negativen Grundstimmung besonders geärgert hat, es aber an negativer Bedeutung verliert, wenn Sie es mit einer positiven Grundstimmung betrachten.

Um eine Entscheidung zu treffen, sollten wir unsere Motivation für diese Entscheidung kennenlernen. Motivationen liegen oft tief im Unterbewusstsein und werden nicht aufmerksam wahrgenommen. Lernen Sie durch die folgende Übungen Ihre Motivationen kennen und entdecken Sie Ihre Gefühlswelt.

Versuchen Sie sich jeden Tag in vielen Situationen selbst kennenzulernen und hören Sie in sich selbst hinein, wie Sie sich in diesen Situationen fühlen. Es ist nicht immer leicht, seinen momentanen Gefühlszustand genau zu beschreiben. Durch das Beschreiben Ihres Gefühlszustandes nähern Sie sich Schritt für Schritt Ihrem Unterbewusstsein an und lernen sich noch besser kennen.

Wenn Sie vor einer Entscheidung stehen, nehmen Sie sich einen Moment Zeit, um den Hintergrund der Motivation herauszufinden und damit zu verstehen, warum Sie sich für oder gegen etwas entscheiden. Haben Sie vielleicht ein komisches Kribbeln im Bauch? Möglicherweise beengt Sie etwas und nimmt Ihnen Raum weg. Unser Körper sagt immer die Wahrheit, unser Verstand hingegen versucht uns oft zu täuschen oder unangenehmen Überraschungen auszuweichen.

Besonders intensiv erlebt man seine Wünsche, Sorgen, Hoffnungen und Ängste durch die eigenen Träume. Um tief in sich hineinsehen zu können, versuchen Sie sich Ihre Träume am nächsten Morgen zu notieren und vergleichen Sie die **Botschaften der Träume** mit Ihrer Tageswirklichkeit. Lassen Sie alle Gefühle zu, die aus dem Unterbewusstsein heraufdringen, ohne sie zu beurteilen. Genießen Sie die Momente, in denen Sie genau das bewusst wahrnehmen und sich selbst noch besser kennenlernen.

Hinter unseren Entscheidungen stecken verschiedene Motivationen, die uns beeinflussen. Im nächsten Abschnitt erfahren Sie mehr über die Motivatoren nach Reiss.

Die Motivatoren nach Reiss

Dr. Steven Reiss machte sich auf die Suche nach der Antwort auf die Frage: »Wer bin ich?« Er befragte Tausende Versuchspersonen und fand insgesamt 16 Motive, die das Leben bestimmen. Je nach Ausprägung sind diese Motive unter anderem dafür verantwortlich, wofür man sich entscheidet und zu welchen Motiven man sich hingezogen fühlt.

Macht: Streben nach Erfolg, Leistung, Führung und Einfluss
Unabhängigkeit: Streben nach Freiheit, Selbstgenügsamkeit und Autarkie
Neugier: Streben nach Wissen und Wahrheit
Anerkennung: Streben nach sozialer Anerkennung, Zugehörigkeit und positivem Selbstwert
Ordnung: Streben nach Stabilität, Klarheit, guter Organisation
Sammeln/Sparen: Streben nach Anhäufung von materiellen Gütern und Eigentum
Ehre: Streben nach Loyalität und traditionell orientierter, moralischer Integrität
Idealismus: Streben nach sozialer Gerechtigkeit und Fairness
Beziehungen: Streben nach Freundschaft und Nähe mit anderen, nach Freude und Humor
Familie: Streben nach Familienleben und danach, eigene Kinder zu erziehen
Status: Streben nach »social standing«, Reichtum, Titeln, öffentlicher Aufmerksamkeit
Rache/Wettkampf: Streben nach Konkurrenz, Kampf, Aggressivität und Vergeltung
Eros: Streben nach einem erotischen Leben, Sexualität und Schönheit
Essen: Streben nach Nahrung und genussvollem »Speisen«
Körperliche Aktivität: Streben nach Fitness und Bewegung, den eigenen Körper spüren wollen
Emotionale Ruhe: Streben nach Entspannung und emotionaler Sicherheit

In speziellen Instituten kann man mithilfe eines ausführlichen Fragebogens und einer Analyse durch einen Profi feststellen lassen, wie stark diese Werte im eigenen Leben vorhanden sind.

Meine Motivatoren

Versetzen Sie sich zurück in die Vergangenheit und erinnern Sie sich an eine wichtige Entscheidung, die Sie getroffen haben. Gehen Sie die 16 Motive im Geist durch und stellen Sie jeweils fest, welches Motiv Sie in ihrer Entscheidung sehr, wenig oder gar nicht beeinflusst hat! Tragen Sie Ihre Gedanken in die Spalten ein.

Ausgangssituation:

_____

Meine Entscheidung:

_____

Motivatoren:

Macht: _____

Unabhängigkeit: _____

Neugier: _____

Anerkennung: _____

Ordnung: _____

Sammeln/Sparen: _____

Ehre: _____

Idealismus: _____

Beziehungen: _____

Familie: _____

Status: _____

Rache/Wettkampf: _____

Eros: _____

Essen: _____

Körperliche Aktivität: _____

Emotionale Ruhe: _____

Meine Entscheidung, Mentalist zu werden, beruhte auf meinem Gefühl für den richtigen Weg. Schon als Kind war ich fasziniert von der Welt der Magie und hatte den Traum, Magier zu werden. Die Motivatoren Neugier und Anerkennung spielten dabei bestimmt eine bedeutende Rolle. Das unbekannte und geheimnisvolle Gebiet der Magie zu entdecken, um streng gehütete Geheimnisse zu erfahren und mit diesem Wissen und Können dann andere Menschen zu beeindrucken, waren sicher einer meiner Entscheidungsgründe als Jugendlicher, mich diesem Bereich voll und ganz hinzugeben.

Das Spezialgebiet Mentalismus entdeckte ich erst viel später und ich setzte mir das große Ziel, möglichst viele Menschen mit dieser außergewöhnlichen Kunst zu erreichen.

Auch ich musste mich auf dem Weg zum Mentalisten immer wieder schwierigen Herausforderungen stellen. Aber nachdem ich mein Gefühl für den richtigen Weg entwickelt hatte, wusste ich auch, welche Rahmenbedingungen ich schaffen musste, um »durchzuhalten« und weiterzumachen, um mein Ziel schließlich zu erreichen.

Das Zauberwort ist das Verlangen. Wenn dieses unendlich groß ist, dann schaffen wir Menschen es immer wieder, Unmögliches möglich zu machen. In den Wünschen und Träumen und dem Verlangen, diese zu verwirklichen, entdeckt man sein wahres Gefühl, und diese Träume lassen uns Menschen zu einer einzigartigen Persönlichkeit heranwachsen. Wenn Sie sich für Ihren Weg entscheiden, wird Ihr Unterbewusstsein alle Ihre Kräfte aktivieren, damit Sie sich Ihren Traum erfüllen können. Das Streben nach Einzigartigkeit, Unabhängigkeit und Selbstverwirklichung waren meine Motivationen, um meinen Traum Wirklichkeit werden zu lassen.

Gefühl für Intuition

Ein Zugang zum eigenen Fühlen ist die Intuition. Die Intuition ist die Fähigkeit, Sachverhalte, Sichtweisen, Gesetzmäßigkeiten oder die Stimmigkeit von Entscheidungen zu beurteilen, ohne den Verstand zu benützen.

Unterbewusste Eingebungen gibt es in allen Lebensbereichen, sie motivieren das Handeln und bringen letztendlich Entscheidungen hervor. Viele Menschen reagieren skeptisch, wenn es um das Thema »Intuition« geht, da es bis jetzt keinen wissenschaftlichen Beweis für deren Existenz gibt und man Intuition als solche nicht fassen kann.

Sie selbst haben bestimmt schon einmal die etwas unheimliche Erfahrung gemacht, eine intuitive Entscheidung getroffen zu haben, die sich danach als richtig herausgestellt hat.

Haben Sie schon einmal bewusst nachgedacht, was gewesen wäre, wenn Sie sich bei einer intuitiven Entscheidung anders entschieden hätten? Erfahrung, Ehrgeiz, Bildung und Intelligenz reichen nicht immer aus, um den richtigen Weg zu gehen und Höchstleitungen zu vollbringen. Erfolgreiche Menschen bestätigen immer wieder, dass sie für viele wichtige Entscheidungen ihre Intuition nutzen.

Wenn wir lernen, mit unserer Intuition umzugehen und auf sie zu hören, wird sich das positiv auf unser »Herz des Gefühls« und auf unser Leben auswirken.

Die Intuition ist eines der wichtigsten Gefühls-Werkzeuge eines Mentalisten, denn auf der Gefühlsebene kann man nichts verschleiern – hier herrscht die innere Wahrheit.

Hat man Zugang zu den wahren Gefühlen eines Menschen, hat man den Schlüssel zum Menschen gefunden. Die wahren Gefühle machen den Menschen aus und lassen ihn authentisch erscheinen.

Die Intuition beschreiben wir auch gerne als Bauchgefühl, als innere Stimme oder als Augen des Unterbewusstseins. Es ist die spirituellste Form des Wissens, die jeder Mensch besitzt und die jeder trainieren kann. Es kommt nur darauf an, ob man auf die Intuition hört und ob man schon einen Zugang zu ihr aufgebaut und entwickelt hat.

Das Phänomen der Menschenkenntnis spielt sich hauptsächlich auf der intuitiven Ebene ab. Mentalisten und Menschen mit einer ausgereiften Intuition spüren, um welchen Charakter es sich bei einer Person handelt, ob diese ehrliche Absichten hat oder in welcher Form man am besten mit dieser Person umgehen sollte.

Bei der Intuition unterscheiden wir Mentalisten zwischen einem Impuls und einer echten Intuition. Sehen Sie den Unterschied an diesen Beispielen:

A: Das Unterbewusstsein ergreift in einer länger andauernden Entscheidungsphase die Gelegenheit und wirkt unterstützend und helfend.
Ist die Emotion von höherer Art, zum Beispiel Selbstlosigkeit oder Vergebung, wird es sich mit ziemlicher Sicherheit um eine Intuition handeln.

B: Erkennen Sie die Art der Emotion, die Sie mit einer Botschaft verbinden.
Zeigen Sie Emotionen von niederer Art, zum Beispiel Ärger, Angst, Entrüstung, Gier oder Wollust, handelt es sich mit großer Wahrscheinlichkeit um einen Impuls.

Auch wenn Sie nun denken, dass Sie Ihre Intuition vielleicht noch nicht ausreichend trainiert haben, werden Sie in Kürze sehen, dass Sie ihre Intuition öfter einsetzen, als Sie glauben. Jeder Mensch tut das seit dem frühen Kindesalter.
Als Kind weiß man intuitiv, was andere von einem verlangen und erwarten und sogar denken. Zeigt man Kindern das folgende Bild und fragt sie, welches Auto der kleine Samuel am liebsten haben möchte, so entscheiden sich die meisten Kinder für den LKW.

Warum wissen Kinder, woran Samuel denkt? Bereits als Kind schließt man intuitiv vom Blick auf den Wunsch. Blickt man eine Alternative länger an als eine andere, handelt es sich dabei mit großer Wahrscheinlichkeit um das, was man sich wünscht.

Dieses Phänomen nennt man auch Gedankenleseheuristik und Kinder beginnen automatisch damit, auf diesem Wege die Gedanken der Mitmenschen zu lesen. Kinder beginnen also sehr früh, auf winzige Details zu achten, genauso wie es ein Mentalist macht. Sie haben einen untrüglichen Instinkt und die unbewusste Fähigkeit, ihre Umgebung sehr genau wahrzunehmen. Das ist einmal mehr ein Beweis dafür, dass wir alle die Fähigkeiten eines Mentalisten in uns tragen.

Die Kombination aus Blicken, Gesten und der Körpersprache löst ein bestimmtes Gefühl aus, das man auch mit einer Vorahnung vergleichen kann. Es ist Ihnen sicher schon mal passiert, dass Sie mit einer Person unterwegs waren, die zwar durch nichts angedeutet hat, dass es ihr schlecht geht, Sie aber das Gefühl hatten, dass etwas nicht stimmt. Man spricht von einer emotionalen Resonanz, einem inneren Wissen über eine bestimmte Situation.

Dass jeder seine Intuition regelmäßig anwendet, zeigt die Tatsache, dass Menschen aufgrund von Blicken ihres Gegenübers sehr gut ableiten können, was kommen wird. »Ein Blick sagt oft mehr als tausend Worte«, weiß ein altes Sprichwort und genau so ist es auch. Allein aufgrund eines Blickes löst man beim Gegenüber ein Gefühl aus, das meistens auch richtig gedeutet wird. Denken Sie doch mal an den Blick eines Verliebten, der seiner Angebeteten ohne Worte signalisiert, was als Nächstes folgen wird. Oder an eine Mutter, die ihr Kind mit erbostem Blick zu Hause erwartet, und das Kind weiß sofort, dass die Mutter den Sprung in der Vase entdeckt hat.

Bei der folgenden Wahrnehmungsübung werden Sie bemerken, wie feinfühlig Sie sind und dass sie bereits mehr fühlen, als Sie denken. Vielleicht liegt es nur daran, dass Sie bis jetzt diesen Gefühlen weniger Aufmerksamkeit geschenkt haben.

Das eigentlich Wertvolle ist im Grunde die Intuition.
Albert Einstein

Wahrnehmung des anderen

Für diese Übung benötigen Sie ein ruhiges Umfeld und eine zweite Person. Ideal ist es, wenn Sie sich im Vorfeld nicht über den momentanen Zustand der Person unterhalten.
Ihr Gegenüber soll eine ihm angenehme Position einnehmen. Ihre Aufgabe ist es nun, in das Gefühl des anderen einzusteigen. Nehmen Sie die Körperhaltung bewusst ein und spiegeln Sie die Körperhaltung. Beobachten Sie die Atmung, die Bewegungen und blicken Sie Ihrem Gegenüber in die Augen. Konzentrieren Sie sich dabei auf alles, was Sie wahrnehmen. Überlegen Sie nicht, sondern fühlen Sie.

Zum Abschluss erzählen Sie Ihrem Übungspartner, was Sie gefühlt haben und wie Sie diese Gefühle interpretieren. Die Aufgabe des Übungspartners ist es, Feedback zu geben und auch darüber Auskunft zu geben, was er oder sie während der Übung selbst wahrgenommen hat.

Intuition oder Kopfentscheidung
Besonders skeptische Leser, die hauptsächlich verstandesorientiert denken, werden noch nicht davon überzeugt sein, dass Entscheidungen, die intuitiv getroffen werden, in vielen Situationen besser sind als Kopfentscheidungen, die wohlüberlegt getroffen werden.
Gerd Gigerenzer zeigt in seinem Buch »Bauchentscheidungen« ein-

drucksvolle Beispiele aus der Wissenschaft und blickt hinter den Vorhang der Intuition. So zeigt er anhand eines Handballspiels, dass die Intuition entscheidend für den Erfolg eines Spiels sein kann. Zu diesem Zweck wurde ein Handballspiel analysiert mit der Frage, ob es schaden kann, wenn man zu viel Zeit für seine Entscheidungen hat. Handball zeichnet sich dadurch aus, dass die Spieler ständig blitzschnell entscheiden müssen, wie sie den Ball spielen.

Für das Experiment wurden 85 Handballspieler mit einem Ball vor einen Bildschirm gestellt. Auf diesem Bildschirm wurden Videoaufnahmen von Top-Spielen gezeigt. Am Ende jeder Szene wurde ein Standbild gezeigt. Die Aufgabe der Handballspieler war es nun, sich vorzustellen, sie seien die Spieler im Video, und so schnell wie möglich die beste Aktion zu nennen, die ihnen intuitiv einfiel. Im zweiten Durchgang erhielten die Spieler mehr Zeit und die Anweisung, so viele Optionen zu nennen wie möglich. Nach 45 Sekunden sollten sie schließlich entscheiden, was die beste Aktion sei. Rund 40 Prozent der Spieler entschieden sich beim zweiten Durchgang für eine andere Aktion.

Die Auswertung der Ergebnisse erfolgte über Trainer aus der Profiliga, die die Aktionen analysierten. Man nahm an, dass jene Aktionen, die aufgrund von mehr Information getroffen wurden, qualitativ besser wären als jene, die intuitiv getroffen wurden. Erstaunlicherweise war das Gegenteil der Fall. Die intuitiven Entscheidungen waren im Durchschnitt besser als die Aktionen, für die sie sich nach einer Überlegungszeit entschieden hatten.

Das Beispiel zeigt, dass man die Intuition durchaus als Faktor in seine Entscheidungen einbeziehen kann.

Intuition lässt sich nicht trainieren wie eine Sportart, Intuition muss sehr sensibel geübt und gefühlt werden, um das Unterbewusstsein nach außen zu bringen.

Wenn ich mich während einer Show für eine bestimmte Person für ein Bühnenexperiment entscheiden muss, hilft mir in der ersten Entscheidungsphase mein 30-Sekunden-Check zur ersten Einschätzung.

Wie bereits in den vorangegangenen Kapiteln beschrieben, spielen bei diesem Check alle Sinne eine große Rolle. Auch mein Gefühlssinn und im Speziellen meine Intuition helfen mir beim Kennenlernen von fremden Personen.

Generell gibt es keine festgelegte Reihenfolge in der Anwendung der Sinne, da diese durch Erfahrung und Übung automatisch und der Situation angepasst entschieden wird. Durch das Einsetzen aller Sinne komme ich immer zu neuen Erkenntnissen über mein Gegenüber. Mein Gefühl entscheidet dann letztendlich, wie ich eine Information weiterverarbeite und anwende.

Um für interaktive Handlungen und Denkweisen offen zu sein, muss man zu Beginn des 30-Sekunden-Checks seine Intuitionsfähigkeit in zwei Schritten erhöhen.

Schritt 1: Kurze innere Stille und Gedankenpause

Ich versuche eine Gedankenpause in mir zu bewirken. Eine bewusste Atempause und die Vorstellung einer weiten, leeren Landschaft machen mich empfänglich für intuitive Eindrücke.

Schritt 2: Wahrnehmung

Ich stelle mir vor, wie sich meine Seele mit meinem Unterbewusstsein öffnet und alles wahrnimmt, was ich durch meine Sinne spüren kann. Ich stelle mir Intuition als unsichtbare Kraft vor, die mir den richtigen Weg weist. Intuition muss immer und überall passieren und ohne jegliche Anstrengung.

Um sein Gefühl für Intuition voll zu entfalten, sehe ich es als besonders wichtig an, sich auch in Alltagssituationen am Beginn eines Gesprächs bewusst zu öffnen. Setzen Sie meine beiden Schritte auch in Ihrem täglichen Leben ein: Beim Kennenlernen einer fremden Person, in der Diskussion mit Kollegen oder in der Familie können auch Sie sich aktiv für die Intuition öffnen. Schalten Sie Ihre innere Alarmanlage und Ihre inneren Sensoren aktiv ein und hören Sie auf Ihre innere Stimme.

Gefühl für Selbstkompetenz

Unter Selbstkompetenz versteht man den Umgang einer Person mit sich selbst. Das bedeutet, dass man seine eigenen Gefühlsvarianten wahrnimmt, sie versteht und entsprechend einsetzt. Eine angemessene Selbstwahrnehmung ist die Basis für einen positiven Umgang mit sich selbst. Ein erster Schritt ist die Wahrnehmung der eigenen Gefühle. Viele Menschen beachten die eigenen Gefühle nicht oder messen ihnen keine große Bedeutung bei.

Die eigenen Gefühle sind wie kleine Mentalisten, die im Körper sitzen und sich jedes Mal melden, wenn etwas Besonderes passiert, das man mit seinen Sinnen noch nicht bewusst wahrgenommen hat. Die kleinen »Gefühlsmentalisten« sind immer bereits einen Schritt weiter und wissen sozusagen schon im Vorhinein, was passieren wird.

Der Umgang mit seinen eigenen Gefühlen bedeutet jedoch auch, dass man sich von seinen Gefühlen nicht überrollen lässt, sondern je nach Situation weiß, wie man ihnen bestmöglich Ausdruck verleiht.

Der Umgang mit positiven Gefühlen ist meist einfacher als der Umgang mit negativen Gefühlen. Bei Gefühlen wie Wut, Angst oder Zorn ist man oft ohnmächtig und man glaubt, seinen eigenen Gefühlen hilflos ausgeliefert zu sein. Man reagiert dann in vielen Situationen, wie man es gar nicht beabsichtigt hat, und ärgert sich im Nachhinein, dass man sich selbst so wenig »im Griff« hatte.
Kennen Sie solche Situationen? Wahrscheinlich hat jeder so eine Situation schon mal erlebt.

Für einen effektiven Umgang mit negativen Gefühlen ist es sinnvoll, verschiedene Reaktionsmöglichkeiten zu kennen und zu üben. Generell sollten Sie negative Gefühle vermeiden, denn Sie schwächen das Immunsystem und behindern uns auf dem Weg zum »Herzen des Gefühls«.
Stellen Sie sich eine Situation vor, die öfter vorkommt und in der Sie Ihrer Meinung nach aufgrund eines negativen Gefühls überreagieren. Im Kapitel »Sehen« haben Sie bereits gelernt, dass es einen Bereich

gibt, in dem man besonders gut Situationen kreieren kann. Da Sie bereits wissen, in welcher Blickrichtung Sie konstruieren und in welcher Sie sich an Situationen erinnern, können Sie dieses Wissen nun einsetzen, um eine gewünschte Reaktion zu visualisieren.

Gewünschte Reaktionen visualisieren

Setzen Sie sich in einen ruhigen Raum und erinnern Sie sich an eine Situation, in der Sie aufgrund eines negativen Gefühls unpassend reagiert haben. Danach stellen Sie sich die ideale Situation vor.
Malen Sie sich nun Ihre perfekte Situation aus und blicken Sie als Rechtshänder nach rechts oben, als Linkshänder nach links oben. Versuchen Sie die ideale Situation in allen Details zu visualisieren. Spielen Sie im Kopf Ihre ideale Reaktion durch.

Was sehen Sie?
Wen sehen Sie?
Ist das Bild bewegt oder handelt es sich um ein Standbild?
Ist das Bild in Farbe oder schwarz-weiß?
Hören Sie etwas Besonderes?
Wie sehen Sie sich in dieser idealen Situation?
Wie ist Ihre Körperhaltung, wie Ihr Gesichtsausdruck?

Beim nächsten Mal, wenn dieses negative Gefühl in Ihnen hochsteigt, atmen Sie bewusst tief ein und aus. Vertrauen Sie darauf, dass Sie es in der Hand haben, wie Sie reagieren, und dass Sie selbst bestimmen, wie Sie diese Situation am besten lösen.

Als Mentalist achte ich nicht nur auf die Gefühle und Emotionen anderer, sondern auch auf meine eigenen. Besonders im Umgang mit eigenen negativen Emotionen gilt es, folgende Tipps zu beherzigen, um sich selbst unter Kontrolle zu haben.

Ärger, Wut, Jähzorn:

- Durch Ärger, den man Ihnen öffentlich ansieht, verlieren Sie die Gunst des Publikums.
- Die magischen Wörter, um Ärger abzuwenden, heißen Humor, Gedankenurlaub und Verzeihen.
- Wenn Sie sich ärgern, nehmen Sie es nicht zu ernst, sondern mit Humor!
- Wenn Sie sich ärgern, erlauben Sie Ihren Gedanken, Urlaub vom Problem zu machen, und fliegen Sie sprichwörtlich in ein anderes Thema und lenken sich ab!
- Wenn Sie sich ärgern, verwandeln Sie Ihren Ärger in Kraft und verzeihen Sie!

Angst, Panik:

Das Gefühl der Angst ist grundsätzlich ein sinnvolles Gefühl, das uns schützt.

Empfinden wir aber so starke Angst, dass wir keinen klaren Gedanken mehr fassen können, wird diese Angst uns lähmen und behindern.

Folgende Schritte können Ihnen den Umgang mit der Angst erleichtern:

- Beobachten Sie, welche Gedanken sich vor Ihrem Angstgefühl gebildet haben.
- Entspannen Sie! Angst und Entspannung kann man nämlich nicht gleichzeitig empfinden. Bringt man seinen Körper in Entspannung, wird die Angst nachlassen.
- Verlernen Sie Ihre Angst. Das funktioniert, indem Sie sich die Situation intensiv vorstellen, vor der Sie Angst haben. Sie werden sich Ihrer Angst stellen und werden erfahren, dass sie Ihnen nichts anhaben kann. Durch regelmäßige Übung werden Sie es schaffen, die Angst zu reduzieren.

Gefühl für Selbstmotivation

Kennen Sie das Gefühl, einfach keine Lust zu haben? Eigentlich sollten Sie schon längst mit dem Projekt begonnen haben, bereits das dritte Mal verschieben Sie einen Termin? Ihre Motivation ist ganz einfach am Boden. Jeder hat solche Momente im Leben und wohl jeder hat sich schon mal darüber geärgert.

Selbstmotivation basiert auf dem persönlichen Gefühl, etwas unternehmen oder sogar etwas verändern zu wollen. Es ist die Fähigkeit, sich selbst in Leidenschaft zu versetzen und einen Handlungsdrang zu entwickeln, um seine Ziele zu erreichen. Wenn man weiß, wie man sich am besten motiviert, wird sich auch der Erfolg rascher und intensiver einstellen. Der Weg zum Ziel wird sich viel einfacher und strukturierter anfühlen.

Es gibt verschiedene Wege, das Gefühl der Selbstmotivation zu stärken und aufrechtzuerhalten. Besonders wichtig ist es, vorab abzuklären, ob hinter der eigenen Motivation ein Wunsch oder ein Ziel steht. Und ob man sich mit wirklich wichtigen Dingen beschäftigt, die unweigerlich zum Erfolg führen, wodurch wieder die Selbstmotivation steigt. Selbstmotivation kann nämlich nur dann entstehen, wenn sie auf den Werten basiert, die einem wichtig sind.

Unterscheidung von Wünschen und Zielen
Es stellt sich bei der Motivation nur dann ein positives Gefühl ein, wenn dahinter ein Ziel und nicht ein Wunsch steht. Wie erkennt man nun aber den Unterschied zwischen einem Wunsch und einem Ziel? Ein Wunsch ist ein menschliches Gefühl oder ein Gedanke, mit dem eine positive Veränderung verbunden wird, der Wünschende aber nicht selbst an der Erfüllung beteiligt ist. Ein Wunsch, in einem Satz formuliert, wäre zum Beispiel: »Ich wünsche mir ein größeres Auto.« Ein Ziel wäre dieser Wunsch dann, wenn man bereit ist, für die Erfüllung des Wunsches auch den entsprechenden Preis zu zahlen, also beispielsweise hart dafür zu arbeiten. Der Preis variiert je nach Ziel, umfasst jedoch meistens Anstrengung, Mühe, Geduld und vieles mehr.
Ein richtiges Ziel erkennt man unter anderem auch daran, dass es die aus dem Projektmanagement bekannten SMART-Kriterien erfüllt.

S	Spezifisch
M	Messbar
A	Aktionsorientiert
R	Realistisch
T	Terminiert

Spezifisch
Ein Ziel muss konkret, eindeutig und präzise und darf nicht vage sein.

Messbar
Damit man das Erreichen eines Zieles überprüfen kann, muss es messbar sein. Kann man die Frage »Woran merke ich, dass ich das Ziel erreicht habe?« beantworten, ist das Ziel auch messbar.

Aktionsorientiert
Es ist wichtig, dass man selbst am Erreichen des Zieles beteiligt ist und dieser Prozess nicht ausschließlich von anderen Personen abhängt. Man muss gewährleisten, dass man selbst zum Erreichen des Ziels einen Beitrag leistet.

Realistisch
Das Ziel muss realistisch sein. Ein Ziel kann eine Herausforderung darstellen, aber es sollte immer erreichbar sein. Wenn man sich für ein unerreichbares Ziel entscheidet, wird sich bald Frust einstellen und die Motivation zum Erreichen des Ziels wird sinken.

Terminiert
Bei einem klar definierten Ziel muss man wissen, wann dieses spätestens erreicht werden soll. Setzt man keine Deadline, schiebt man den Abschluss leicht immer weiter nach hinten.

Was ist mein nächstes Ziel?

ÜBUNG

Überlegen Sie sich, was Ihr nächstes Ziel ist, und überprüfen Sie anhand der SMART-Kriterien, ob es sich tatsächlich um ein Ziel oder um einen Wunsch handelt. Handelt es sich um einen Wunsch, so überlegen Sie sich, ob sich der Wunsch mithilfe von klaren Definitionen zu einem Ziel entwickeln kann.

MEIN ZIEL:_____

SPEZIFISCH
MESSBAR
AKTIONSORIENTIERT
REALISTISCH
TERMINIERT

Die Bedeutung der eigenen Werte

Jeder kennt wohl die Situation, dass ein Bereich im Leben nicht so ganz zufriedenstellend läuft. Man hat das Gefühl, dass irgendetwas nicht stimmt. In anderen Lebensbereichen oder Situationen fühlt man sich hingegen sehr wohl und hat ein gutes Gefühl. Oft kann man dieses positive Gefühl nirgends festmachen, vielleicht nur Vermutungen anstellen. In beiden Fällen hat man es mit Werten zu tun. Entweder mit der Verletzung von Werten oder mit der Erfüllung von Werten. In den meisten Fällen sind sich die Menschen ihrer Werte nicht bewusst oder haben sich damit noch nicht intensiver auseinandergesetzt. Neben den klassischen Werten wie Familie, Beruf und Privatleben gibt es noch viele andere Werte, die das Leben prägen und bestimmen. Die Werte können auch je nach Lebensbereich variieren. Das bedeutet, dass man im Privatleben zum Beispiel komplett andere Werte haben kann als im beruflichen Kontext.

Werte werden vorwiegend über die Sozialisation weitergegeben und sind immer auch ein Spiegel der jeweiligen Zeit. Im Laufe seines Lebens erstellt so jeder Mensch seine eigene Wertehierarchie, auch wenn das meist unbewusst geschieht. Werte, die in der Wertehierarchie weit oben stehen, also wichtig sind, haben eine größere Auswirkung auf das eigene Verhalten.

Aufgrund der bestehenden Werte ergeben sich verschiedene Emotionen. Wenn man einen inneren Wert, zum Beispiel Freiheit, nicht ausleben kann, wird dieser Wert verletzt und eine Emotion ausgelöst, zum Beispiel Wut.

Kommen in Situationen bestimmte Gefühle und Emotionen hoch, die man nicht kontrollieren kann, darf man meistens darauf schließen, dass ein wichtiger Wert verletzt wurde.

Es ist nicht schwierig, Entscheidungen zu treffen,
wenn man seine Werte kennt.
Roy Disney

Durch ein professionelles Coaching kann man die eigenen Werte in den verschiedenen Lebensbereichen herausfinden. Mit der folgenden Übung kommen Sie Ihren Werten ein Stück weit auf die Spur.

165

Welche Werte bestimmen mein Leben?

Damit diese Übung erfolgreich ist, sollten Sie die folgenden Regeln beachten:

- Setzten Sie sich in einen Raum, in dem Sie ungestört sind und sich wohl fühlen.
- Wählen Sie einen Bereich in Ihrem Leben, in dem Sie Ihre Werte herausfinden wollen (Beruf, Beziehung, Freundschaft, Familie etc.).
- Haben Sie einen Bereich gewählt, gestalten Sie vor Ihrem inneren Auge eine perfekte Situation. Malen Sie sich diese Situation in Gedanken aus und lassen Sie sich Zeit dabei.
- Überlegen Sie, welche Werte diese perfekte Situation beinhaltet.
- Schreiben Sie acht Werte untereinander auf ein Blatt Papier und nummerieren Sie diese.

Sobald Sie Ihre Werte definiert haben, geht es darum, eine Hierarchie zu entwickeln und herauszufinden, welche Werte die wichtigsten in Ihrem Leben sind. Dazu gehen Sie folgendermaßen vor:

Schreiben Sie jeden Wert auf eine Karteikarte. Nehmen Sie die beiden ersten Karten und stellen Sie sich zwei Fragen: »Welcher Wert ist mir persönlich wichtiger?« und »Auf welchen Wert könnte ich eher verzichten?«

Entscheiden Sie sich für einen Wert und vergleichen Sie diesen mit dem nächsten Wert. Stellen Sie sich auch hier wieder die beiden Fragen. Entscheiden Sie sich wieder für einen Wert und vergleichen Sie diesen mit der Nummer 4 auf Ihrer Liste.

Das machen Sie so lange, bis Sie beim letzten Wert angekommen sind. Nach dem letzten Vergleich bleibt ein Wert (Wert XY) übrig. Diesen streichen Sie nun von Ihrer ersten Liste und setzen ihn ganz oben auf eine neue Liste.

Stellen Sie sich nun die folgenden Fragen: »Angenommen, ich habe den Wert XY, welcher Wert ist mir wichtiger – Wert 2 oder Wert 3? Beziehungsweise auf welchen Wert könnte ich eher verzichten?« Der wichtigere Wert wird dann wieder mit dem Wert 4 verglichen und die Fragen dazu gestellt. Das machen Sie so lange, bis Sie beim letzten Wert angekommen sind, der wiederum auf die neue Liste gesetzt wird.

Wiederholen Sie den Vorgang so lange, bis Sie Ihre Werte auf der neuen Liste hierarchisch geordnet haben.

Selbstmotivation ist für uns Mentalisten ein entscheidender Punkt, um jederzeit mental einsatzbereit und aktiv zu sein. Lesen Sie hier die wichtigsten Tipps zur perfekten Selbstmotivation.

1. Entdecken Sie Ihre Visionen und Ziele!

Kennen Sie das starke Gefühl der Freude, kurz bevor Sie auf Urlaub fahren? Sie sind unglaublich motiviert und freuen sich wie ein kleines Kind auf die bevorstehende Zeit.

Genau dieses Gefühl brauchen Sie auch in der restlichen Zeit des Jahres, um sich selbst die nötige Selbstmotivation zu verschaffen. Setzen Sie sich klar definierte Ziele, verbinden Sie Ihre Ziele mit dem starken Gefühl des Urlaubs und lassen Sie sich von diesem Gefühl treiben. 80 Prozent der Energie für Selbstmotivation kommen aus den eigenen Zielen und Visionen.

Der Unterschied zwischen unmotivierten, weniger erfolgreichen Menschen und motivierten, erfolgreichen Menschen ist der Blick in die Zukunft, die Vorstellung und Vision, wie die eigene Zukunft aussehen wird. Und diesen Blick sollten Sie ab jetzt haben.

2. Finden Sie Ihre persönliche Motivationstaste!

Wir alle tragen eine ganz persönliche Motivationstaste mit uns. Wenn Sie auf diese Taste drücken, werden Sie sozusagen gestartet und befinden sich in einem Umfeld, das Sie motiviert, inspiriert und begeistert. Die Motivationstaste zu finden, liegt an Ihrer mentalen Stärke, denn diese zeigt Ihnen genau, was Sie besonders motiviert.

Es gibt verschiedene Arten von Motivationstasten; diese sehen aufgrund der Erziehung, der Lebensumstände und der Gewohnheiten bei jedem von uns anders aus.

Um Ihre Motivationstaste drücken zu können, sollten Sie sich im Klaren darüber sein, was Sie motiviert – Leistungs- und Zeitdruck, Drang nach Lob und Anerkennung, Streben nach einer besseren Zukunft, Erinnerungen an vergangene Erfolge, persönliche Herausforderung, der Wunsch, der Beste zu sein, oder auch finanzielle Anreize.

3. Haben Sie Spaß!

Freude und Spaß sind die Nahrung der Seele. Geben Sie Ihrer Seele, was sie braucht, und Ihre Motivation wird sich vergrößern. Wenn Sie Spaß an Ihrem Ziel haben, werden Sie sich darauf zubewegen und den richtigen Weg gehen. Freuen Sie sich über Ihre Herausforderungen und über jeden Schritt in die zielorientierte Richtung und loben Sie sich dafür.

Das magische Motivationswort heißt »lachen«. Klingt komisch – ist es auch. Aber es hilft Ihnen, ein positives Gefühl zu erlangen. Sie werden schnell spüren, wie Sie sich aus einer »neutralen« Stimmungslage in ein Stimmungshoch lachen können und motivierter an die Arbeit gehen.

»Haben Sie Spaß!« war schon immer meine beste Methode zur Selbstmotivation und Spaß an der Sache gibt mir die Möglichkeit, authentisch zu wirken und anderen Menschen positive Energie zu vermitteln.

Gefühl für Empathie

Der Begriff »Empathie« setzt sich aus den Begriffen »Emotion« und »Sympathie« zusammen und bezeichnet die Fähigkeit, die Gefühle, Gedanken und das Weltbild eines anderen Menschen zu erkennen und zu verstehen.

Menschenkenntnis verlangt die Arbeit des Verstandes, Empathie hingegen vertraut auf die unterbewusste Arbeit der Seele. Eine Person handelt empathisch, wenn sie sich in die Gefühlslage ihres Gegenübers versetzen kann und so fühlt, als wären es die eigenen Gefühle. Es geht also nicht darum, Gedanken, Nachrichten und Emotionen eines anderen Menschen aus der eigenen Sichtweise zu interpretieren, sondern darum, zu verstehen, was den anderen aus seiner Sichtweise zu einem bestimmten Handeln bewegt.

Empathie ist der Pfad zum unmittelbaren Verständnis fremder seelischer Vorgänge. Empathische Menschen haben die Gabe, die Emotionen ihres Gegenübers nachfühlen zu können, während sie gleichzeitig mögliche Gründe für diese Empfindungen spüren und fühlen können.

Richtig verheiratet ist der Mann erst dann, wenn er jedes Wort
versteht, das seine Frau nicht gesagt hat.
Alfred Hitchcock

Die Beeinflussung durch Gefühle beginnt schon im Mutterleib. Das Urvertrauen bei Kindern ist nachweislich getrübt, wenn diese bereits im Mutterleib mit Stresshormonen konfrontiert werden. Die Gefühle der Mutter werden von den Säuglingen empathisch übernommen.

Die Fähigkeit des emotionalen Spiegelns ist somit die Basis des Mitgefühls und der Empathie. Die Reaktion auf Gefühle und Emotionen bei der Entwicklung von Kindern ist von großer Bedeutung, wie schon ein grausamer Versuch im Mittelalter zeigte. Friedrich II. glaubte, dass es eine »Ursprache« des Menschen gäbe, und versuchte sie in einem Experiment mit Säuglingen zu entdecken. Er ging davon aus, dass Babys die »Ursprache« sprechen würden, wenn man sie in keiner Weise beeinflusste. Das bedeutete, dass die Kinder zwar von Ammen versorgt wurden, es diesen jedoch verboten war, mit den Babys zu sprechen oder sie zu liebkosen. Der Ausgang des Experiments war verheerend: Alle Babys starben, weil sie keine gefühlsmäßige Zuwendung bekamen.

Der Chamäleon-Effekt
1995 entdeckten Forscher bei einem Experiment mit Affen zufällig das Phänomen der Spiegelneurone. Sie konnten beobachten, dass die reine Betrachtung einer Handlung bei Affen die gleichen Gehirnvorgänge auslöste, wie wenn sie die Handlung selbst ausgeführt hätten. Bei den Spiegelneuronen handelt es sich um Nervenzellen, die im Gehirn Vorgänge auslösen, obwohl es zu keiner tatsächlichen Handlung kommt, sondern eine Handlung nur beobachtet wird. Die Fähigkeit, sich in die nicht greifbare Gefühlswelt eines anderen Menschen zu versetzen, gilt mittlerweile als unverzichtbarer Grundsatz des sozialen Zusammenlebens. Wenn man beim genüsslichen Trinken einer heißen Schokolade beobachtet wird, löst dies beim Beobachter die gleichen Reaktionen im Hirn aus, als hätte er die Schokolade selbst

getrunken. Die Nervenzellen »spiegeln« somit das beobachtete Verhalten. Andere Beispiele sind das Sprichwort »Lachen steckt an« oder Eltern, die bei einer Verletzung des Kindes mitfühlen und den Schmerz selbst empfinden.

Außerdem haben Wissenschaftler herausgefunden, dass sich Menschen mit ausreichender Empathiefähigkeit unbewusst von körperlichen Äußerlichkeiten ihres Gegenübers beeinflussen lassen. Dieses als Chamäleon-Effekt bekannte Phänomen bestätigt, dass empathische Menschen auch die Haltung, Eigenheiten und Gesten ihres Gegenübers unbewusst imitieren.

Empathie

ÜBUNG

Nachdem Sie nun bereits einiges zur Empathie gehört haben, versuchen Sie nun doch einmal, Ihre vorhandenen empathischen Fähigkeiten im täglichen Leben anzuwenden. Ihre Empathie können Sie überall trainieren. Ob im Zug, in einem Restaurant oder bei einer Party, wählen Sie eine Person aus, die Sie gar nicht oder kaum kennen, und lassen Sie sich überraschen. Anstatt die Person aufgrund ihres Äußeren einzuschätzen, versuchen Sie die Ebene der Gefühle einzuschalten und richten Sie Ihr Bewusstsein auf die Person.

Hilfreiche Fragen:

Was nehmen Sie wahr?
Positive oder negative Schwingungen?
Fühlen Sie, dass es der Person gut oder schlecht geht?
Welche Gefühle haben Sie, wenn Sie mit der Person sprechen?

Was es bedeutet, wenn die Empathie fehlt, kann man erkennen, wenn Menschen ausgegrenzt werden und wenn ihre Gefühle nicht geachtet werden. Mobbing-Opfer werden nachweislich psychisch und physisch krank. Eigene Empathiefähigkeit sowie in einem empathischen Umfeld zu leben, sind somit von größter Bedeutung für die Gesundheit des Menschen.

Ist es möglich, die Empathie zu trainieren, oder ist Empathie eine angeborene Eigenschaft, die wir entweder haben oder nicht? Grundsätzlich ist hier zu erwähnen, dass manche Menschen mehr Begabung mitbringen, empathisch zu handeln, als andere, andererseits wiederum ist Empathie trainierbar. Untersuchungen haben gezeigt, dass ein wesentlicher Teil angeboren ist, der andere durch Übung und Lebenserfahrung verbessert werden kann.

Jeder Mensch hat sozusagen die Möglichkeit, seine Empathiefähigkeit auszubauen. In der folgenden Mentalisten-Insiderinfo erfahren Sie eine Methode, die Empathie zu trainieren.

Empathie ist nicht nur ein sehr positives Charaktermerkmal, sondern erweiterbar und trainierbar. Es gibt einige »natürliche« Schritte, die man auf dem Weg zu besserer Empathiefähigkeit beherzigen sollte.

Schritt 1: Vergessen Sie sich selbst!
Wenn Sie sich auf die Gefühle anderer Menschen einstellen wollen, müssen Sie sich selbst als Persönlichkeit in den Hintergrund rücken und sich für einen Moment nicht mehr wichtig nehmen. Ihr Gegenüber ist jetzt der wichtigste Mensch in Ihrem Leben, zumindest für den Moment.

Schritt 2: Zeigen Sie aktive Anteilnahme!
Wenn Ihr Gegenüber Ihnen im Gespräch Details anvertraut, zeigen Sie Interesse und hören Sie aktiv zu. Richten Sie Ihre volle Aufmerksamkeit auf die Person: Körperliche Nähe, Zustimmung, Blickkontakt und volle Konzentration werden Sie dabei unterstützen.

Schritt 3: Wiederholen Sie!
Um Informationen Ihres Gegenübers nicht fehlzudeuten, wiederholen Sie das Gesagte mit Ihren eigenen Worten. Um hier möglichst neutral zu bleiben, beginnen Sie Ihre Formulierung am besten mit: »Sie sagen, dass ...«

Am Ende Ihres Gespräches wiederholen Sie nicht das Gesagte, sondern die Gesamtbotschaft des Erzählten. Ihre ersten Worte könnten lauten: »Wenn ich Sie richtig verstanden habe, dann ...«

Schritt 4: Gefühle ansprechen!

Wichtig ist nicht, wie Sie das Erzählte verstehen, sondern wie Ihr Gegenüber den Sachverhalt sieht. Versuchen Sie den Inhalt nicht aus den Worten zu lesen, sondern aus der Art und Weise, wie diese gesprochen wurden. Lesen Sie die Emotionen zwischen den Buchstaben des Gesagten und sprechen Sie die Emotionen, die Sie spüren, konkret an.

Vermeiden Sie eigene Meinungen, denn sonst wechselt das einfühlende Gespräch in eine Diskussion.

> *Wenn es ein Geheimnis des Erfolgs gibt, so ist es das,*
> *den Standpunkt des anderen zu verstehen und die*
> *Dinge mit seinen Augen zu sehen.*
> Henry Ford

Gefühl für Charisma

Nur wenige Manager sind in der Lage, ihre Mitarbeiter so zu motivieren, dass diese aus voller Überzeugung hinter ihnen stehen. Nur wenige Redner schaffen es, ihre Zuhörer über lange Zeit zu fesseln. Nur wenige Künstler berühren ihr Publikum über Jahre hinweg tief im Herzen. Warum findet man den einen Menschen anziehend und spannend und den anderen uninteressant? Das magische Wort heißt »Charisma«, kommt aus dem Griechischen und bedeutet »Gnadengabe«.

Betritt eine charismatische Person den Raum, fällt sie sofort positiv auf, weil sie das »gewisse Etwas« hat. Die Ausstrahlung und das Charisma sind Phänomene, die noch nicht vollständig entschlüsselt wurden. Zahlreiche Wissenschaftler aus den unterschiedlichsten Disziplinen beschäftigen sich mit diesem Thema und präsentieren eine Fülle an Bausteinen, die zu einer charismatischen Ausstrahlung beitragen oder diese zumindest positiv unterstützen. Ein Patentrezept für eine charismatische Persönlichkeit wurde jedoch bis jetzt noch nicht gefunden.

Gerade in schwierigen Zeiten suchen die Menschen charismatische Führungspersonen, denen man zutraut, eine Veränderung zu bewirken. Das Charisma dieser Personen ist jedoch keineswegs »gottgegeben«. Schritt für Schritt kann sich jeder Mensch einer charismatischen Ausstrahlung annähern. Voraussetzung dafür ist jedoch, dass man sich mit sich selbst auseinandersetzt. Dass man weiß, was man kann, welche Fähigkeiten man hat und wo noch Entwicklungspotenzial vorhanden ist.

I found Manuel to be incredibly skilled and talented.
I was amazed and riveted by his performances, but he also has
something, that one cannot learn or buy, you have to be born
with it and its called charisma and Manuel has it!
Uri Geller über Manuel Horeth

Sie fragen sich vielleicht, warum das Thema »Charisma« hier im Kapitel »Fühlen« behandelt wird. Das ist ganz einfach zu erklären. Der Sender für unser »Herz des Gefühls« ist eine positive Ausstrahlung. Entscheidung und Motivation, Intuition, Selbstkompetenz, Selbstmotivation und Empathie müssen Sie vereinen und durch Ihr Charisma ausstrahlen. Sie werden mit sich selbst im Einklang und authentisch sein, wissen, was Sie wollen, fühlen, wer Sie sind, und das große »Herz des Gefühls« in sich tragen.

Welche Eigenschaften benötigt ein Mensch mit starkem Charisma? Begeisterung, Optimismus und Hoffnung auf die Zukunft. Wer von seinem Handeln begeistert ist, kann leichter andere Menschen motivieren oder Unterstützung und Hilfe von anderen erwarten. Menschen, die optimistisch denken und positive Gedanken ausstrahlen, werden viel deutlicher wahrgenommen und deren Botschaften werden viel intensiver aufgenommen.

Dem englischen Magier und Psychologen Richard Wiseman zufolge verfügt ein charismatischer Mensch über drei weitere besondere Eigenschaften.

Eigenschaft Nummer 1:
Charismatische Personen haben die Fähigkeit, Emotionen sehr stark zu empfinden. Das bedeutet, dass diese Menschen sich intensiv in ihre Gefühle fallen lassen können und es leichter haben auf dem Weg zum »Herzen des Gefühls«.

Eigenschaft Nummer 2:
Charismatische Personen sind dazu fähig, durch ihre Ausstrahlung auch andere Menschen derart starke Gefühle erleben zu lassen. Das unterstützt die Fähigkeit, andere Menschen zu beeinflussen und zu lenken.

Eigenschaft Nummer 3:
Charismatische Personen sind immun gegenüber Einflüssen anderer charismatischer Menschen.

Charisma in Ihrem Umfeld

Sie haben sicher Menschen in Ihrer Umgebung oder irgendwann einmal jemanden kennengelernt, den Sie als charismatischen Menschen beschreiben würden.
Erinnern Sie sich zurück an die letzte Begegnung mit diesem Menschen und versuchen Sie herauszufinden, welche Eigenschaften ihn auszeichnen und was ihn in Ihren Augen charismatisch macht.
Halten Sie Ihre Gedanken in ein paar Stichworten fest.

_____

_____

_____

_____

_____

Machen Sie sich jetzt ein paar Gedanken zu Ihrer eigenen Person. Was ist für mich persönlich wichtig und was will ich wirklich? Fühlt sich das, was ich will, mit jeder Faser meines Körpers gut an? Schreiben Sie Ihre Gedanken nieder und überprüfen Sie Ihr Gefühl dazu.

_____

_____

_____

_____

_____

Wie fühlt sich das für Sie an?

_____

_____

_____

_____

Charismatische Menschen verfügen über eine Vision. Sie denken außergewöhnlich und sind in ihren Handlungen innovativ. Sie haben die Fähigkeit, auch anderen Menschen starke Gefühle zu vermitteln, und sie können die eigene Begeisterung übertragen. Charismatische Menschen wissen, welche Werte sie haben, sie leben diese und vertreten sie auch. Anderen Meinungen gegenüber sind sie resistent, sie akzeptieren sie, lassen sich von ihnen aber nicht beeinflussen. Ein besonderes Kennzeichen sind eine authentische Körpersprache und natürlich rhetorische Fähigkeiten. Starke Ausstrahlungskraft haben auch die Augen eines charismatischen Menschen, denn der Blick verrät sofort Stärke und Selbstbewusstsein.

Sie sehen, es gibt viele Voraussetzungen für ein charismatisches Auftreten. Und es ist die Kombination von verschiedenen Faktoren, die einen charismatischen Menschen ausmacht. Da jeder Mensch anders ist und andere Fähigkeiten und Talente mitbringt, gibt es nicht nur einen Weg, eine charismatische Ausstrahlung zu erlangen. Das Gute daran ist, dass jeder sein Charisma und seine Ausstrahlung trainieren kann. Jeder Mensch ist ein ungeschliffener Diamant, der seine Schönheit und Reinheit erst dann entfaltet, wenn man ihn schleift, wenn man seine Talente und Fähigkeiten trainiert.

Die 10 Geheimnisse des Charismas
Menschen mit Charisma sind erfolgreich, haben immer eine Botschaft und einen Traum. Die Botschaft gilt es zu vermitteln und den Traum zu verwirklichen.

Was steigert Ihr Charisma und Ihre Kraft, das »Herz des Gefühls« auszustrahlen?

Ruhe und Sicherheit: Wer das ausstrahlt, dem vertraut man, bei dem fühlt man sich wohl.
Durchsetzungsvermögen: zeigt Willen, Kraft und Mut für Projekte und Vorhaben.
Selbstbewusstsein und Eigenliebe: Wer sich selbst schätzt und liebt, der liebt auch andere.
Energie und Lebensfreude: Dynamische und glückliche Menschen wirken positiv auf andere.
Interesse: zeigt die Ernsthaftigkeit einer Unterhaltung und Neugier einem anderen gegenüber.
Bewegung: ist die Bedingung für Veränderung; wer sich bewegt, kann auch bewirken.
Zufriedenheit: strahlt Dankbarkeit dem Leben gegenüber aus.
Suggestionskraft: benötigt man, um Botschaften konzentriert zu vermitteln.
Autorität: ist wichtig, da sie Zweifler nicht zu Wort kommen lässt.
Inspiration: braucht der Mensch, um kreativ zu sein und neue Wege zu gehen.

Der Mensch ist, was er denkt, was er denkt, strahlt er aus,
und was er ausstrahlt, zieht er an!
Unbekannter Autor

Wie wirke ich auf andere?

Beobachten Sie sich in den nächsten Tagen in verschiedenen Situationen selbst: Wie reagieren Menschen, wenn Sie in einen Raum kommen? Verändert sich etwas? Wie werden Sie begrüßt? Werden Sie angesehen, und mit welcher Art von Blick? Verstummen die Menschen, sobald Sie einen Raum betreten? Was beobachten Sie, wenn Sie mit einer Person im Gespräch sind? Ist das Gespräch angenehm oder schwerfällig? Wie reagieren fremde Personen im Supermarkt auf Sie? Lächeln Sie doch mal fremde Menschen im Bus an und beobachten Sie die Veränderung in den Gesichtern.

Im »Herzen des Gefühls« sind die für uns Mentalisten wichtigsten emotionalen Fähigkeiten, die jeder von Ihnen trainieren und entwickeln kann, zusammengefasst.

Stehen Sie Ihren wahren Gefühlen offen gegenüber, denn alles, was Sie aus innerer Überzeugung heraus machen und was mit Ihrem Inneren übereinstimmt, wird Ihnen auch gelingen. Und damit werden Sie erfolgreich, glücklich und zufrieden.

Wer es schafft, den Menschen Träume, Ziele und Visionen zu geben, kann sie dazu inspirieren, über sich und ihre Fähigkeiten hinauszuwachsen und Unglaubliches zu leisten.

Wir Mentalisten haben die Fähigkeit, anderen Menschen diese Träume zu geben.

Die Macht der Wahrheit

Auf Ihrem Weg zum natürlichen 6. Sinn werden Sie immer wieder auf Menschen treffen, deren Aussagen und Botschaften nicht immer der Wahrheit entsprechen. Ihre Sinne sollen Sie dabei unterstützen, die Wahrheit zu finden und Lügner zu enttarnen. Versuchen Sie selbst die Macht der Wahrheit zu spüren und nützen Sie diese Kraft, um Ihre Botschaften noch deutlicher und direkter Ihren Mitmenschen zu transportieren.

Denn es gibt nichts Stärkeres und Nachhaltigeres in der alltäglichen Kommunikation als die Wahrheit. Natürlich tut sie manchmal außergewöhnlich weh, aber es liegt letztendlich an Ihrem Feingefühl, wann und wo sie am besten einzusetzen ist.

> *Wahrheit macht frei und überwindet alles.*
> *Immanuel Kant*

Die Wahrheit der Lüge

Wahrheit ist ein hohes ideelles Gut. Aber sie ist auch ein unerreichtes Ideal, denn wir Menschen lügen jeden Tag, dass sich die Balken biegen. Lügen ist manchmal einfacher und unkomplizierter, als die Wahrheit zu sagen. Lügenforscher haben herausgefunden, dass der Mensch circa 200-mal pro Tag lügt. Dazu zählt auch, wenn man es mit der Wahrheit nicht ganz so genau nimmt.

Geht es um den Beruf oder das Auto, werden verstärkt Männer beim Lügen ertappt, Frauen hingegen lügen eher, wenn es um ihr Geburtsdatum und ihr Gewicht geht. Bei Kindern ist es ein wenig anders. Wissenschaftler sagen, dass das Lügen bei Kindern Teil der geistigen Entwicklung ist. Etwa mit vier Jahren beginnen Kinder zu lügen, vorwiegend in spielerischen Situationen.

Seien wir ehrlich, wir alle sagen nicht wirklich ständig die Wahrheit, zumindest drehen wir sie oft so, wie es uns im Moment gefällt.

Forscher haben verschiedene Anhaltspunkte herausgefunden, die uns eine Hilfe sein können, Lügner zu überführen.

Wir alle sind auf der **Suche nach der Wahrheit** und der Wirklichkeit. Die Wahrheit nimmt eine Schlüsselstellung in unserem Leben ein. Grundsätzlich glaube ich, dass die Frage »Was ist Wahrheit?« jeder von uns auf seine eigene Art und Weise selbst beantworten kann und muss. Im Buddhismus heißt es: »Wir können Wahrheit nicht haben, wir können Wahrheit nur sein.«

Nachdem Sie nun schon so viel darüber gelesen haben, wie man seine Sinne schärft, um besser beobachten und einschätzen zu können, kommen wir in diesem Kapitel zur Königsdisziplin. Das Enttarnen von Lügen funktioniert nur dann, wenn man alle seine Sinne auf Alarm programmiert und gemeinsam einsetzt. Was würden Sie davon halten, wenn Sie wirklich Lügen enttarnen könnten? Wenn Sie das Buch bis jetzt aufmerksam gelesen und durchgearbeitet haben, kann ich sagen, dass Ihre innere Alarmanlage bereits eingeschaltet ist. Ihnen fehlen nur noch ein paar Schritte zur Interpretation der Signale. Welche Schritte das sind, erfahren Sie jetzt! Bitte beachten Sie, dass es sich um Hinweise und keine allgemeingültigen Fakten handelt. Diese Hinweise müssen ganzheitlich, im Zusammenhang mit dem ganzen Menschen und der gesamten Situation, verstanden werden.

Die Enttarnung der Lüge

Um Lügen zu erkennen, benötigt man drei Dinge:

1.) aufmerksame Ohren
2.) aufmerksame Augen
3.) aufmerksame Gefühle

Die Analyse der Körpersprache, der Stimme und der Wörter lässt uns einige Hinweise bekommen, um Lügner zu erkennen. Hier muss man allerdings sehr vorsichtig sein mit voreiligen Meinungen und Interpretationen, da viele Gesten schnell falsch verstanden werden können und jeder Mensch anders ist und anders reagiert.

Der Schlüssel ist das Kalibrieren

Wichtig für die Einschätzung einer Person hinsichtlich Wahrheit oder Lüge ist der Vorgang des Kalibrierens. Eine Person zu kalibrieren bedeutet, die Person konzentriert zu beobachten, ihre Reaktionen in Gestik, Mimik und Sprache genau zu verfolgen und später wiederzuerkennen. Das Kalibrieren geschieht mit allen Sinnen und gibt Ihnen später die Möglichkeit, Vergleiche anzustellen. Kalibrieren beschreibt einen Vorgang, bei dem man sich auf die nonverbalen Signale einstimmt, die dann beim Gesprächspartner einen speziellen Zustand hervorrufen.

Eine Methode dazu ist, dass man in einem gewöhnlichen Gespräch unterschiedliche Fragen stellt, um einen Eindruck vom natürlichen Verhalten des Gegenübers zu bekommen. Bei einem weiteren Gespräch könnte dann jede Abweichung vom normalen Verhalten, das Sie beobachtet haben, eine Lüge bedeuten.

Lügner stehen während der »Tat« generell unter Stress. Um auch Reaktionen und Gesten in normalen Stresssituationen zu bekommen, um dann den Unterschied zum Lügen zu erkennen, sollte man beim Kalibrieren auch Fragen einbauen, die eine Stresssituation bewirken und spezielle Gesten hervorrufen. Beim Vorgang des Kalibrierens wird zum Beispiel versucht, Lügen-Mimik von Wahrheits-Mimik oder Lügen-Gestik von Wahrheits-Gestik zu differenzieren.

Beispiel: »Woran haben Sie bemerkt, dass sie gelogen hat?« – »Weil sie sich nur beim Lügen an den Ohren gekratzt hat.«

Körpersprache

Mögliche Lügenbarone weisen etliche Eigenheiten in ihrer Körpersprache auf. Lügner berühren sich oft im Gesicht. Sie kratzen sich an der Nase, greifen sich ans Ohr oder spielen mit ihren Haaren. Auch ein unnatürliches, häufiges Lachen weist darauf hin, dass die Person lügt, denn so versucht sie eine Unsicherheit zu überspielen. Ist ein Lachen nicht natürlich, erkennt man das auch an den Gesichtszügen. Wenn jemand von Herzen lacht, spiegelt sich die Freude auf dem ganzen Gesicht wider: in den Mundwinkeln, den Augen, der Stirn. Bei einem falschen Lächeln hingegen grinst nur der Mund.

Auch das Timing von Gestik und Mimik ist zeitversetzt. Ein Schwindler würde beispielsweise sagen: »Das ist aber ein guter Kuchen!« und erst dann dazu lächeln. Bei Personen, die das auch so meinen, geschieht dies in der Regel zeitgleich. Weiters sind die Arm- und Handbewegungen bei einer Lüge niemals offen. Große Gesten wird man nicht finden. Stattdessen werden die Arme eng an den Körper gepresst und großzügige Bewegungen werden vermieden.

Wird die Situation für einen Lügenbaron besonders unangenehm, kann man auch beobachten, dass ein Gegenstand zwischen die Gesprächspartner geschoben wird. So nimmt der Lügner zum Beispiel eine Kaffeetasse oder ein Buch in die Hand, als Zeichen dafür, dass er sich schützen will.

Folgende Gesten und Signale können sich durch Stress und Nervosität äußern und Hinweise auf Unwahrheiten sein: Ohr oder Nase berühren oder kratzen, unruhige Sitzhaltung und Bewegungen, Spielen mit den Haaren, rotes Gesicht, Schweiß von der Stirn wischen, Körperhaltung verändern, Lippen ablecken, Korrigieren der Kleidung, Fussel suchen und beseitigen, Frisur ausbessern, Nägel kontrollieren oder kauen, Verstecken der Hände und der Beine, Mund mit der Hand verdecken, Arme und Beine überkreuzen, essen, intensiveres Rauchen, mit Kugelschreiber, Handy oder Schmuck spielen.

Augen

Im Kapitel »Sehen« wurde dargelegt, wie man erkennt, auf welcher Wahrnehmungsebene man sich befindet, und dass Informationen konstruiert oder erinnert werden können. Genau diese Unterscheidung ist nun der Schlüssel zum Erkennen von Lügen anhand des Augenmusters.

Wenn man eine Frage stellt und diese vom Gegenüber beantwortet wird, muss man genau beobachten, in welche Richtung sich die Augen bewegen. Antwortet jemand ehrlich auf die Frage, muss die Antwort in der Regel nicht erst konstruiert werden. Sitzt man einer Person gegenüber und blickt diese nach links oben, ist das ein Zeichen dafür, dass die Person lügt, etwas konstruiert oder erfindet. Besonders gut kann man das Augenmuster bei Interviews beobachten.

Ebenso lässt ein häufiger Lidschlag darauf schließen, dass eine Person nervös ist und etwas nicht stimmt. Auffällig ist auch, wenn jemand Augenkontakt vermeidet und Blicken ausweicht. Viele Menschen halten hingegen gerade dann, wenn sie lügen, Augenkontakt, weil sie glauben, ihre Mitmenschen so täuschen zu können. Zudem hat man beim Lügen wenig Erinnerungen aus dem Gedächtnis abzurufen, das heißt, es gibt auch keine Notwendigkeit für eine Bewegung der Augen nach dem bekannten Muster.

Anhand der folgenden Veränderungen lassen sich mögliche Unwahrheiten erkennen: weniger häufige Augenbewegungen, vermehrtes Augenblinzeln, größere Pupillen, Augen bleiben beim Blinzeln länger geschlossen.

Ohren

Erfindet jemand eine Geschichte, fällt auf, dass mehr Details als notwendig erzählt werden und die Darstellungen meist sehr präzise sind. Die darin vorkommenden Personen werden verdächtig oft beim Namen genannt. Wo ein »sie« oder »er« reichen würde, heißt es dann meist »Hannah hat gesagt« oder »Leo meint«. Die Erzählung wird damit ein wenig unnatürlich.

Auf Lügner können Pausen im Gespräch sehr beunruhigend wirken. Im Gegensatz dazu sind Themenwechsel eine Möglichkeit, dem Gespräch zu entkommen. Ein Lügner wird dieses Verhalten begrüßen und außerordentlich positiv darauf reagieren. Menschen, die im Moment die Wahrheit sagen, werden eher irritiert sein, wenn plötzlich das Gesprächsthema ein anderes ist.

Ein Lügner verwendet auch das Wort »ich« nur selten. Sein Ziel ist es, die Distanz zwischen sich und seiner Erzählung zu vergrößern.

Hören Sie genau auf die gesprochenen Sätze Ihres Gegenübers. Lügner beginnen einen Satz, unterbrechen ihn und fangen noch mal von vorne an. Auch wenn eine Frage nicht klar beantwortet wird, auf eine Frage nur eine ausweichende Antwort gegeben wird oder Sie das Gefühl haben, eine einstudierte, überlegte Antwort zu hören, können dies Hinweise auf unwahre Antworten sein.

Der Pinocchio-Effekt

Forscher an der Universität in Chicago haben herausgefunden, dass das Märchen von Pinocchio und seiner langen Lügennase doch nicht so weit hergeholt ist, wie man zu meinen glaubt. Die Forscher glauben, dass bei einem Menschen, der lügt, bestimmte Hormone freigesetzt werden, die auch den Blutfluss in der Nase erhöhen und die Nase somit um Millimeterbruchteile wachsen lassen können.

Außerdem haben sie beobachtet, dass Lügner sich generell öfter an die Nase fassen als Menschen, die die Wahrheit sagen.

Eine Lüge ist bereits dreimal um die Erde gelaufen,
bevor sich die Wahrheit die Schuhe anzieht.
Mark Twain

Sie kennen sicher folgendes Gefühl: In einem Gespräch versucht Sie Ihr Gegenüber von einer Sache zu überzeugen. Seine Argumente und seine Körpersprache haben Hand und Fuß, seine Schilderung klingt verständlich und sinnvoll. Ihr Unterbewusstsein sagt Ihnen trotzdem: Da stimmt etwas nicht! Alle Techniken und Analysen, um Unwahrheiten zu erkennen, haben nichts ergeben, trotzdem haben Sie ein unangenehmes Gefühl und später werden Sie in Ihrem Gefühl bestätigt und sind froh, nicht auf den Lügner hereingefallen zu sein.

Es gibt, wie bereits erklärt, viele Methoden und Hinweise, um mögliche Unwahrheiten oder Lügen zu erkennen, aber der Gipfel aller Methoden ist Ihr tiefes, persönliches Gefühl.

Wie schon im Kapitel »Fühlen« dargelegt, ist es Ihr »Herz des Gefühls«, das durch starke Intuition und Empathie auch das Negative am Gegenüber erspüren kann. Ich möchte Sie motivieren, Ihrem Gefühl mehr und mehr zu vertrauen. Klar kann es sein, dass Sie nicht immer recht haben, aber machen Sie ruhig Fehler, denn diese zeigen Ihnen den richtigen Weg zum 6. Sinn.

In meinen Shows vertraue ich meinem Gefühlssinn sehr stark. In vielen Fällen entscheide ich mithilfe meiner inneren Stimme, ob jemand die Wahrheit sagt oder nicht. Und ob Sie es glauben oder nicht, diese Stimme spricht mit mir und hat mir schon in vielen Fällen sehr geholfen.

Selbstverständlich kalibriere ich zuerst meinen Gesprächspartner, analysiere Worte, Mimik und Verhaltensmuster und interpretiere diese, um eine Einschätzung über Wahrheit oder Lüge zu bekommen. Bestätigt mein inneres Gefühl diese Interpretation zusätzlich, ist dies für mich der Gipfel zur korrekten Einschätzung.

Tipps und Fragen zur Entlarvung von Lügenbaronen

Diese Tipps verstehen sich als Hinweise und nicht als Regeln oder Fakten. Die Reaktionen müssen immer im Gesamtzusammenhang verstanden werden.

- Fasst sich die Person ins Gesicht (Nase, Haare, Ohren etc.)?
- Bemerken Sie häufiges Augenblinzeln und größere Pupillen?
- Lacht die Person übermäßig und vor allem unnatürlich viel?
- Lacht das ganze Gesicht, besonders die Augen, oder wird nur der Mund verzogen?
- Ist das Timing von Mimik und Gestik zeitversetzt?
- Offene oder geschlossene Hand und Armbewegungen?
- Befindet sich ein Gegenstand zwischen den Gesprächspartnern?
- In welche Richtung blickt die Person – wie ist das Augenmuster?
- Beobachten Sie verfrühte oder verspätete Antworten?
- Vermeidet Ihr Gegenüber beschreibende Sprache oder weicht Fragen geschickt aus?
- Verändert sich die Tonlage, Geschwindigkeit und Lautstärke der Stimme?
- Bemerken Sie Sprachveränderungen?
- Ist die Erzählung sehr detailliert?
- Wie ist die Reaktion auf Pausen?
- Wie wird auf Themenwechsel reagiert?
- Vermeidet die Person das Wort »ich«?
- Was sagen Ihnen Ihre Intuition und Ihr Gefühl?

Technische Lügendetektoren

Es gibt mehrere technische Methoden, um Unwahrheiten in menschlichen Aussagen zu erkennen. Ein Lügendetektor ist ein sogenannter Polygraf, der körperliche Details wie Blutdruck, Puls, Atmung und die elektrische Leitfähigkeit der Haut während einer Befragung misst.

Ich war bei einem Radiosender eingeladen, um ein Interview unter Beiziehung eines Lügendetektors zu geben. Mit Freude sagte ich zu und hatte mir persönlich vorgenommen, auf jede Frage mit der Wahrheit zu antworten, da ich meine Standfestigkeit dem Lügendetektor gegenüber nicht einschätzen konnte.

Während des Interviews reagierte der Lügendetektor kein einziges Mal auf meine Antworten, die Wahrheit meiner Aussagen wurde somit bestätigt.

Spannend wurde das Experiment erst, nachdem die Mikrofone ausgeschaltet waren und mir der Experte, der den Lügendetektor betreute, sagte, dass es noch niemand geschafft habe, den Lügendetektor zu täuschen, und er mich fragte, ob ich als Mentalist nicht probieren wolle, diesen zu überlisten.

Also wiederholten wir den Test mit anderen Fragen, die ich zu 50 Prozent mit Lügen oder Unwahrheiten beantwortete. Wissen Sie, was passiert ist? Der Lügendetektor schlug kein einziges Mal aus – ich hatte es geschafft, das Messgerät auszutricksen. Unter www.manuelhoreth.at können Sie sich das Interview anhören, um einen Eindruck von dem Interview zu erhalten.

Ich möchte Ihnen nicht verraten, wie es genau funktioniert, ich kann Ihnen aber als Hinweis Folgendes sagen: Wenn man von etwas fest überzeugt ist und man es für wirklich hält, es mit allen seinen Sinnen fühlt, dann ist es möglich, in einer Lüge die Wahrheit zu fühlen. Ich nenne es **die Manipulation der eigenen Sinne**, und die Kunst dabei ist, diese bewusst einzusetzen, ohne die Realität aus den Augen zu verlieren.

Das Gerät selbst zeigt nicht an, ob jemand lügt oder nicht, es liefert nur Hinweise und Daten. Die Auswertung, Einschätzung und Interpretation obliegt dem Experten. Wie funktioniert nun eine Untersuchung mit einem Polygrafen?

Grundsätzlich nimmt man an, dass Menschen beim Lügen nervös oder unsicher werden. Auch wenn dies in einer für uns Menschen unsichtbaren Form geschieht, reagiert das vegetative Nervensystem auf diese Unstimmigkeiten. Eine Änderung des Blutdrucks, des Pulses, der Herzfrequenz, der Atmung, Änderungen des Hautwiderstandes, die sich als Zittern oder Schwitzen äußern, können die Folge sein. Und das wiederum kann der Polygraf messen und kontrollieren.

Die Wissenschaft arbeitet aber auch an neuen Methoden, Lügner zu erkennen. Das sind zum Beispiel Computerprogramme, die unsere Mimik im Mikro-Bereich auswerten, oder ein Hirnscan, der mithilfe eines Magnetresonanztomografen Hinweise über einen Lügner liefern soll. Zwanghafte Schwindler haben den Forschern zufolge nämlich eine andere Hirnstruktur als aufrichtige Menschen.

> *Zum Lügen gehören immer zwei: einer, der lügt,*
> *und einer, der es glaubt!*
> Homer Simpson

Schlusswort

Liebe Mentalistin, lieber Mentalist,

ich freue mich sehr, dass Sie dieses Buch bis zum Schluss gelesen haben und so den ersten Schritt zu Ihrem natürlichen 6. Sinn gegangen und bereits ein kleiner Mentalist geworden sind. Die Lektüre selbst wird Ihnen sicher schon Fortschritte gebracht haben, aber der wesentliche Teil liegt nun ganz bei Ihnen.

Wie schon am Beginn des Buches erwähnt, ist es unbedingt erforderlich, dass Sie die Übungen im Buch beherzigen und immer wieder durchgehen und dass Sie auf die 72-Stunden-Regel achten. Beginnen Sie jetzt, an sich zu arbeiten, und beginnen Sie jetzt in diesem Moment, ein Mentalist zu werden.

Wenn Sie genau wissen, was Sie wollen und wohin Ihr Weg gehen soll, dann überwinden Sie Ihren inneren »Schweinehund« und starten Sie los. In drei Tagen ist es zu spät!

Yes, you can!
Barack Obama

Verinnerlichen Sie Ihren Weg mit allen Sinnen und nehmen Sie ihn so in Ihren Besitz. Nützen und schärfen Sie alle Ihre Sinne, um Ihre Ziele und Träume zu erreichen und Ihren Mitmenschen immer einen Schritt voraus zu sein.

Zum Schluss möchte ich mich noch ganz besonders bei Magdalena Eder bedanken, die mit mir dieses Buch gestaltet und geschrieben hat. Sie hat mich in den vergangenen Monaten zu allen TV-Shows, Auftritten und Terminen begleitet und wir haben beide unser Vertrauen und unseren Glauben in dieses Buchprojekt gesteckt.

Jetzt wünsche ich Ihnen viel Erfolg beim Erspüren Ihres 6. Sinns und ich hoffe, dass wir uns einmal persönlich bei einer meiner Shows, Workshops oder Seminare begegnen und kennenlernen.

Ihr

Weiterführende Literatur

Birkenbihl, Vera / Christiani, Alexander / Schäfer, Bodo / Strunz, Ulrich: Meilensteine zum Erfolg, MVG-Verlag, München 1999

Blank, Reiner / Bents, Richard: Sich und andere verstehen: Eine dynamische Persönlichkeitstypologie, Claudius Verlag, München 2006

Brönnle, Stefan: Grenzenlose Sinne: Intuition – Empathie – Hellsehen, Verlag Neue Erde, Saarbrücken, 2008

Carnegie, Dale: Rede dich zum Erfolg, Wilhelm Heyne Verlag, München 2002

Cialdini, B. Robert: Die Psychologie des Überzeugens: Ein Lehrbuch für alle, die ihren Mitmenschen und sich selbst auf die Schliche kommen wollen, Verlag Hans Huber, Bern 2009

DeMello, Anthony: Gib deiner Seele Zeit, Herder Verlag, Freiburg 2005

Ellis, Albert / Jacobi, Petra / Schwartz, Dieter: Coach dich!, hemmer/wüst Verlagsgesellschaft, Würzburg 2004

Enkelmann, Nikolaus B.: Die Macht der Motivation, MVG-Verlag, München 1995

Fischbacher, Arno: Geheimer Verführer Stimme, Jungfermannsche Verlagsbuchhandlung, Paderborn 2008

Förstl, Hans: Theory of Mind: Neurobiologie und Psychologie sozialen Verhaltens, Springer Medizin Verlag, Heidelberg 2007

Gegenfurther, Karl R: Gehirn & Wahrnehmung, Fischer Taschenbuch Verlag, Frankfurt/Main, 2006

Gerling, Reinhold: Praktische Menschenkenntnis, Bong Verlag, Berlin 1930

Gigerenzer, Gerd: Bauchentscheidungen: Die Intelligenz des Unbewussten und die Macht der Intuition, Goldmann Verlag, München 2008

Gray, John: So bekommst du, was du willst, und willst, was du hast, Goldmann Verlag, München 2002

Greene, Robert: Die 48 Gesetze zur Macht, Carl Hanser Verlag, München 1999

Hartmann, Andreas: Zungenglück und Gaumenqualen – Geschmackserinnerungen, C. H. Beck Verlag, München 1994

Hatt, Hanns / Dee, Regine: Das Maiglöckchen-Phänomen: Alles über das Riechen und wie es unser Leben bestimmt, Piper Verlag, München 2008

Heckhausen, Jutta und Heinz: Motivation und Handeln, Springer Verlag, Berlin 2009

Herz, Rachel: Weil ich Dich riechen kann: Der fünfte Sinn und sein Geheimnis, F. A. Herbig Verlagsbuchhandlung, München 2007

Höller, Jürgen: Sag ja zum Erfolg, Econ Verlag, Berlin 2000

Ilis, Albert: Training der Gefühle, MVG-Verlag, München 1989

Mahathera, Nyanatiloka / Nyanaponika, Thera: Das Wort des Buddha, Verlag Beyerlein und Steinschulte, Stammbach 1989

Märtin, Doris: Smart Talk: Sag es richtig, Campus Verlag, Frankfurt/Main 2006

Mohl, Alexa: Der große Zauberlehrling Teil 1: Das NLP Arbeitsbuch für Lernende und Anwender, Jungfermannsche Verlagsbuchhandlung, Paderborn 2006

Molcho, Samy: Abc der Körpersprache, Ariston Verlag, München 2006

Mühlisch, Sabine: Fragen der Körpersprache, Jungfermannsche Verlagsbuchhandlung, Paderborn 2007

Ostrander, Sheila / Schroeder, Lynn, Vorauswissen mit PSI, Goldmann Verlag, München 1993

Schulz von Thun, Friedemann: Miteinander Reden 2: Stile, Werte und Persönlichkeitsentwicklung, Rohwolt Taschenbuch Verlag, Reinbek 2006

Tepperwein, Kurt: Die hohe Schule des Erfolgs, MVG-Verlag, München 1999

Tepperwein, Kurt: Kraftquelle Mentaltraining: Eine umfassende Methode, das Leben selbst zu gestalten, Goldmann Verlag, München 1993

Thurnher, Ingrid: So reden Sie sich zum Erfolg, Ecowin Verlag, Salzburg 2003

Torralba, Francesc: Die Kunst des Zuhörens, C. H. Beck Verlag, München 2007